"上海高校课程思政整体改革领航高校"系列教材

生物医学工程类专业"课程思政"案例

（第一辑）

刘宝林　姚秀雯　主编

·北京·

内容简介

《生物医学工程类专业"课程思政"案例（第一辑）》基于我国生物医学工程类专业人才培养的需求和特征，结合上海理工大学生物医学工程专业课程思政的具体教学实践，充分挖掘了每门课程的思政元素，凝练了 43 个课程思政案例。这些案例基于课程思政的教育理念，强调要从专业的视角，强化以提升人类健康水平为己任的教育理念，使学生具备家国情怀和创新意识，养成不畏艰难、勇攀高峰的追求精神，形成严谨认真、追求卓越的科学素养。

本教材主要供生物医学工程专业的师生阅读，也可供相关专业从事课程思政设计的教师参考。

图书在版编目（CIP）数据

生物医学工程类专业"课程思政"案例.第一辑/刘宝林，姚秀雯主编.—北京：化学工业出版社，2022.1（2022.4重印）
ISBN 978-7-122-40193-9

Ⅰ.①生… Ⅱ.①刘…②姚… Ⅲ.①高等学校-思想政治教育-教案（教育）-中国 Ⅳ.①G641

中国版本图书馆 CIP 数据核字（2021）第 223419 号

责任编辑：旷英姿　林　媛　　　　　　　　　　装帧设计：王晓宇
责任校对：宋　夏

出版发行：化学工业出版社（北京市东城区青年湖南街 13 号　邮政编码 100011）
印　　装：北京建宏印刷有限公司
787mm×1092mm　1/16　印张 10¼　字数 228 千字　2022 年 4 月北京第 1 版第 2 次印刷

购书咨询：010-64518888　　　　　　　　　　售后服务：010-64518899
网　　址：http://www.cip.com.cn
凡购买本书，如有缺损质量问题，本社销售中心负责调换。

定　价：45.00 元　　　　　　　　　　　　　　　　　版权所有　违者必究

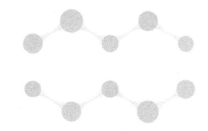

编写人员名单

主　　编　刘宝林　姚秀雯

编写人员（按姓名笔画排序）

　　　　卜朝晖　王　成　王　艳　王多琎　尹梓名
　　　　孔祥勇　石　萍　田福英　冉　姝　刘　颖
　　　　刘宝林　闫士举　许红玉　严荣国　李素姣
　　　　李晓兵　谷雪莲　邹任玲　陈　岚　林　勇
　　　　周　雷　周　颖　郑　政　郑其斌　项华中
　　　　赵改平　胡冰山　姚秀雯　贺　晨　郭旭东
　　　　崔海坡　喻洪流

前言

2017 年 2 月 27 日，中共中央、国务院印发了《关于加强和改进新形势下高校思想政治工作的意见》，指出"充分发掘和运用各学科蕴含的思想政治教育资源，健全高校课堂教学管理办法"。

上海市全面推进习近平新时代中国特色社会主义思想进教材、进头脑，落实立德树人根本任务，充分发挥课堂教学主渠道作用，2019 年推出了"上海高校课程思政整体改革领航高校"建设项目。上海理工大学成为第一批领航高校，医疗器械与食品学院则成为 7 个重点改革课程思政领航学院之一。

2018 年，医疗器械与食品学院入选首批 100 家全国党建工作标杆院系，学院也把标杆院系建设与课程思政领航学院建设紧密相连，开展多元主体、多种形式、多种渠道的协同，实现共建设、同发展。

学院以课程思政领航学院建设为契机，宏观布局顶层设计，微观实施落地落实，以课程建设为基础、思政教育为重点、队伍建设为关键、专业教育为核心、学生能力提高为目的，实施思政课程质量体系提升计划，推动学院课程思政教育项目建设，建立课程思政育人评价体系，"点面结合"，形成全员、全过程、全方位育人格局，提升思想政治教育工作水平，形成可复制、可推广、具有理工科专业特色的课程思政教育新模式。

学院目前有 8 个本科专业，分别对应医疗器械、食品安全与营养两个与人民健康和生命息息相关的领域。在两年的课程思政建设过程中，学院根据专业特色，积极推动教学指南的编制，形成课程思政操作规范，结合课程思政建设的精神和任务，探索教学案例设计的思路和方法，践行课堂育人的主渠道作用、实践育人的辐射效应和师德楷模的模范带头作用，成为可复制、可推广的经验，课程思政建设要求覆盖 100％的专业、100％的教师、100％的学生。

学院的生物医学工程专业获批教育部首批一流本科建设专业，医学影像技术获批上海市一流本科建设专业。2020 年，学院承担了"上海高校课程思政教学指南系列——生物医学工程类课程思政教学指南"的编写工作，基于我国生物医学工程类专业人才培养的需求和特征，结合学院生物医学工程专业课程思政的具体教学实践，充分挖掘了每门课程的思政元素，从课程目标、课程体系、评价体系、制度建设等多个方面，初步构建了生物医学工程类专业课程思政的整体架构，也凝练了 43 个课程思政案例。这些案例基于课程思政的教育理念，强调要从专业的视角，强化以提升人类健康水平为己任的教育理念，使学生具备家国情怀和创新意识，养成不畏艰难、勇攀高峰的追求精神，形成严谨认真、追求卓越的科学素养。

本教材将 43 个生物医学工程大类的课程思政案例纳入，主要供生物医学工程相关专业的师生阅读参考使用。由于课程思政建设与实践尚处于探索和提高阶段，本教材难免有不当之处，敬请读者提出宝贵意见和建议，以便今后修订完善。

编者

2021 年 5 月

目录

案例 1　科学与艺术　/ 001

案例 2　生物安全意识与民族自豪感　/ 006

案例 3　生物医学工程材料与创新精神　/ 010

案例 4　科学精神、敬业精神与工匠精神　/ 014

案例 5　钻研精神与敬业精神　/ 018

案例 6　微创手术与工匠精神　/ 022

案例 7　创新思维及奉献科学的精神　/ 025

案例 8　医用检验仪器与创新思维　/ 028

案例 9　计算机编程语言及互联网企业　/ 033

案例 10　认知过程中的文化自信　/ 036

案例 11　科学研究中的工匠与敬业精神　/ 040

案例 12　软件架构与民族自豪感　/ 043

案例 13　投身国产医疗设备的使命感教育　/ 049

案例 14　爱国思想与创新精神教育　/ 053

案例 15　工匠精神与责任使命感　/ 058

案例 16　医疗器械设计中的钻研精神　/ 063

案例 17　科研创新与爱国　/ 066

案例 18　医用超声装备设计中的使命与担当　/ 070

案例 19　科学精神和爱岗敬业精神　/ 073

案例 20　系统大局观和团队合作精神的培养　/ 077

案例 21　科研素养教育　/ 081

案例 22　专业素养和责任担当　/ 086

案例 23　智能电动轮椅与专业责任感和使命感　/ 090

案例 24　医学实践精神　/ 093

案例 25　人体机能替代装置与"上海精神"　/ 097

案例 26　医疗设备与器械的安全问题　/ 101

案例 27　医用检验领域的创新精神与科学精神　/ 107

案例 28　医疗器械监督管理条例教学中的思政教育　/ 112

案例 29　移动医疗领域的爱国与创新精神教育　/ 115

案例 30　人工智能领域求真务实的科学精神和爱岗敬业精神　/ 118

案例 31　医疗器械自动化与工匠精神　/ 122

案例 32　关爱功能障碍者的责任与担当　/ 125

案例 33　"科技文献检索"课程中的思政教育　/ 128

案例 34　智能康复领域的使命感与责任感　/ 130

案例 35　医学影像设备与严谨的科学研究精神　/ 133

案例 36　"芯片"强国梦　/ 135

案例 37　科研创新与敬业　/ 137

案例 38　数据库教学中的数据安全意识教育　/ 140

案例 39　混合信号处理系统设计与大局观的培养　/ 143

案例 40　人体机能替代装置与创新科学精神　/ 145

案例 41　医疗设备机械设计教学中的思政教育　/ 148

案例 42　医疗 IT 创新与实践设计中的创新思维教育　/ 150

案例 43　医疗信息系统设计中的中国特色医疗行业教育　/ 152

参考文献　/ 154

案例1　科学与艺术

一、所属课程

现代仪器分析

二、教学目的

(一)课程教学目标

大学教育强调专业分工，关注技术教育的实用性，往往忽视人文素养的教育，对专业领域之外的文史哲知识或常识学习很少，造成理工科大学生人文素养缺失的现状。人文素养是一个人外在精神面貌和内在精神气质的综合表现，也是一个现代人文明程度的综合体现。加强工科学生的人文素质和情怀教育，培养大学生博学慎思、明辨笃行的意志和品格，认知自我，追求真理，是大学教育重要的一环。本课程通过一个案例教学，培养学生的艺术兴趣，提升学生的人文素养。

(二)思政育人

1. 设计思路

通过仪器分析的英文定义中"art"这一词，通过编者本人的经历，以及国内外科学家热爱艺术的故事，讲解"科学与艺术"的关系，通过学生感兴趣的方式，自然地达到润物细无声的思政育人效果。

2. 思政育人目标

培养学生的艺术兴趣，提升学生的人文素养。

三、教学实施过程

在教学过程中,讲到"仪器分析"的英文定义如下:The science and art of determining the composition of materials with the instrumental methods based on a physical property characteristic of a particular element or compound.

此时向学生提问:为什么不用"The Science of"或者"The Science and technology of"呢?借此问题展开讨论,通过教师本人的"三高爱乐之友音乐会"演出经历,引出国内外众多的科学家,同时又是杰出的音乐家,讲解"科学与艺术",体会仪器的设计与制造,也是科学与艺术的结合。

1. 国内外著名科学家科学与艺术兼修的故事

钱学森先生是我国航天科技事业的重要开创者和"两弹一星"元勋。作为一位杰出的大科学家,他同时具有深厚的人文艺术造诣,在音乐、绘画、摄影等方面均有较高的水平,还编著出版了《科学的艺术与艺术的科学》一书。他在上海交通大学读书时就是一名出色的圆号手,是学校铜管乐团的成员。钱老的夫人蒋英是中央音乐学院的教授,在给中央音乐学院纪念蒋英教授执教40周年纪念活动的信(图1-1)中,钱老说:"我因为行动不便不能参加,作为蒋英的老伴,只能在此做个书面发言,表表心意。我和蒋英结婚已经52年了,这真是不平静的52年,蒋英和我所从事的是完全不同领域的工作,蒋英在声乐表演和教学领域耕耘,而我则在火箭卫星的研制、发射方面工作,她在艺术,我在科技。但我在这里特别要向同志们说明,蒋英对我的工作有很大的帮助和启示,在我对一件工作遇到困难而百思不得其解的时候,往往是蒋英的歌声使我豁然开朗,得到启示……在蒋英教授执教40周年之际,我钱学森要强调的一点就是:文艺与科技的相互作用。"2009年10月,科学巨匠钱学森平静地走完了他辉煌的一生,并给所有中国人留下了一道耐人寻味的题目:"我们国家怎样才能培养出杰出人才?"。其实,对于这个问题,钱学森先生自己在晚年曾经给出了他的回答。他说,根据历史经验,也根据他本人的体会,我们的大学教育应当要实现科学与艺术的结合。

诺贝尔物理学奖获得者李政道先生说,科学和艺术是一个硬币的两面;原国务院副总理李岚清也认为,有科学创新能力的人不仅要有科学知识,还要有文化艺术修养。还有更多的例子,如著名地质学家李四光,1920年在巴黎创作了中国第一首小提琴曲《行路难》,即中国第一首小提琴曲不是音乐家创作的;在2001年举办的《科学在中国》的文艺晚会上,杂交水稻之父、中国工程院袁隆平院士用小提琴演奏了这首《行路难》。国际上,爱因斯坦和普朗克是世界级的科学家,他们曾联袂演奏,一人弹奏钢琴,一人拉小提琴,至今仍传为佳话(图1-2)。19世纪60年代,由俄国进步的青年作曲家组成的"五人强力集团",是俄罗斯民族声乐艺术创作队伍中的一支主力军。他们分别是:巴拉基列夫(1837—1910)、居伊(1835—1918)、穆索尔斯基(1839—1881)、鲍罗丁(1823—1887)、科萨科夫(1844—1908)。其中,鲍罗丁在化学领域有重要贡献,与门捷列夫齐名,其他几位有陆军、海军大将等。李岚清在考证了作曲家社团的组成及创作史后,感慨地表示:俄罗斯'五人强力集团',他们五个人中没有一个是专门学音乐出身的,但都成为当时的大作曲家,他们对我很有影响——只要有意志,锲而不舍地努力,就能取得成功——我认为正确的事,再困难,我也要坚持不懈地去克服它,把它做成。

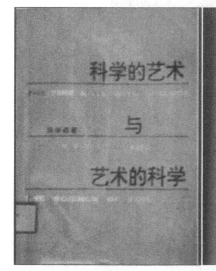

图 1-1　钱学森编著的书籍及信件内容选段

李四光　　　　　　　　　袁隆平　　　　　　　　　爱因斯坦

图 1-2　科学与艺术交融一体的科学家

2. 刘宝林教授参加业余乐团演出的故事

2012 年,本书主编之一刘宝林教授参加了"三高爱乐之友业余乐团"在国家大剧院的演出(图 1-3)。"三高爱乐之友音乐会"的初衷,是秉持"使中国音乐化"的理念,通过以身作则,引导逐步解决温饱、走向富裕的中国社会各阶层推崇高雅艺术。"三高"是指高级知识分子、高级官员、高级将领,乐队有 94 人,平均年龄 64 岁。为了进一步推进高雅音乐在全国范围内的普及,进一步推动实现全面发展的高素质人才的培养目标,在李岚清同志的倡导下,得到有关部门和地区领导的热烈响应和大力支持,来自全国各地的党政军和知识界的高层次人士组成的这支特殊的乐团,在八个多月的筹建和排练过程中,队伍由小到大,水平不断提高,取得了惊人的成绩。

2008 年,刘宝林教授出于爱好,自学萨克斯,在业余时间练习,也在学校的活动中

图 1-3 "三高爱乐之友业余乐团"在国家大剧院演出

上台。2012年,经过层层选拔,刘老师有幸参加了"三高爱乐之友业余乐团"。团队的成员虽然年龄高、职位高、职称高,但都像小学生一样,没有一点架子,认认真真地排练,有的练到深夜,有的练出了腱鞘炎。在半年的排练和演出过程中,除了音乐之外,刘宝林教授从这些老科学家、老干部身上学习到了很多的高贵品质。

2012年12月21~22日,乐团在国家大剧院进行了两次汇报演出,江泽民、李岚清、吴仪等前任中央领导出席观看,各国驻华使节、在京文艺院团代表、北京市大中小学校教师代表也观看了演出。音乐会中有一个曲目是苏联作曲家肖斯塔科维奇的《第二圆舞曲》,担任萨克斯演奏的是陕西日报社传媒集团董事长杜耀峰和上海理工大学教授刘宝林,担任长号独奏的是中国人民解放军航天员大队特级宇航员景海鹏,想不到这位航天专家的长号演奏是如此动人。中国科学院吴承康院士也是团队成员,他当年83岁,谈到音乐与科学的联系时,他说:"音乐在我的心灵中开辟了一个新天地,它让我以一个更好的心态来对待我的生活和工作。科学求真、艺术求美,但它们在很多方面是相通的,都需要勤学苦练、精益求精、科学严谨。在乐团里那么多的声部,那么多的乐手,各种不同的乐谱,各个部分的音乐都是不一样的,但这一切在统一的指挥下能够组成最美妙的音乐。"

四、教学效果

(一)案例开展的意义和价值

以著名科学家和教师自己的故事感染学生,培养学生的人文素养、科学精神,提高人文素质。教育学生在课余应该有艺术方面的爱好,科学与艺术相互促进、相互影响,拥有艺术修养,可以陶冶情操,培养人文情怀。通过学生感兴趣的方式,自然地达到润物细无声的思政育人效果。

(二)主要成效和特色

艺术的心理源泉是想象力,科学为其提供梳理的方法,科学的心理源泉也是想象力,艺术帮科学唤起超越的认知想象力。科学与艺术共同培育了人类的创造力，共同创造了人类的物质文明和精神文明，这就是艺术与科学结合的伟大之处。在完成这一节课后，班上的每位学生都写了"科学与艺术"学习的感想，此处摘录几位学生的话，表达他们对科学与艺术的思考和领悟。

（1）从这节课程的学习中，我体会到了科学与艺术间互相促进、不可分割的关系。"我热爱艺术却走上了科学研究的道路"这一曾经一直困扰我的问题，在这里得到了完美的解决，艺术与科学间并不是南北对立，相反它们相辅相成，互相促进，让我能够更加端正地对待爱好与科研，让我能够更理性地平衡自己在艺术与科学的权重。同时，老师提及的人文素养教育，给了我很大的启发，让我在思维逻辑方面能够更加辩证地从不同角度进行考量，并且这种人文素养的积累，将会促进我在以后的生活、学习和工作中能不断地获取新的收获。（2018级 劳晓）

（2）这节课给我带来的思考，不仅仅是在知识学习表面，更深层次带给我的，是观念的转变。在我以前的认知中，艺术与科学间是没有任何联系的，艺术兴趣班和理工学科似乎隔着万水千山，毫无关联。通过老师的讲解，我才明白艺术与科学间表面上似乎没有任何关系，但是在深层次上，它们互相结合，缺一不可。只要处理好两者间的关系，就可以碰撞出更明亮的火花，科技的研发使我们不断地进步，而艺术给科技以全新的灵感。这种互补式学习能极大地丰富学习环境，因为科学帮助我们探索世界，艺术帮助我们探索自己，艺术与科学使世界变得更美好。（2018级 覃潜）

（3）正如李政道所说："科学与艺术是一个硬币的两面。"通过学习这节课，我体会到科学与艺术的共通之处，就是它们的目标都是在追求真善美，虽然表达方式不同，但是它们就像是风和火，互相促进，互相增益，照亮人类发展的道路。（2018级 李俊杰）

（4）我认为这节课最大的收获，在于将艺术与科技的关系进行了深层次的阐述。二者源于生活，反映着人类对美的追求、对真理的渴望，它们用不同的方式，表达着生活的不同方面，共同组成多姿多彩的生活。在我们日常的学习过程中，更应该用艺术的角度来启发思考，用科学的角度来开发创造，我希望日后能够不断增进我在艺术与科学方面的深入度，提升自己，丰富生活。（2018级 洪彦辰）

案例2　生物安全意识与民族自豪感

一、所属课程

生物技术制药

二、教学目的

(一)课程教学目标

通过"生物技术制药"课程的学习，使学生对生物技术这一领域有较全面的认识，要求学生掌握生物技术制药的基本流程，控制工艺质量，保证生物技术药物的安全和有效并了解新方向及新动向；了解生物技术发展史和加强国家生物安全科技意识。通过本课程的学习，开阔学生的知识面；提高学生适应各种工作的能力，为今后的工作打好基础，并培养学生的爱国精神与民族自豪感。

(二)思政育人

1. 设计思路

在坚定理想信念方面，课程内容要体现符合中国发展现状的生物技术药物研发的特点，要为建设健康中国、实现中华民族伟大复兴的中国梦贡献力量，为中国和世界人民造福。在厚植爱国主义情怀方面，以普及健康生活、优化健康服务、完善健康保障、建设健康环境、发展健康产业为重点，尤其关注重点生物样本库标准化、生物技术药物和疫苗研发。

2. 思政育人目标

培养学生的爱国精神、民族自豪感。

三、教学实施过程

背景事件：国内外生物安全问题

21 世纪以来，人类面临着诸多挑战，生物安全就是其中之一。我国自 2003 年发生 SARS 疫情以来，又陆续发生了 H5N1 禽流感、H1N1 流感、H7N9 禽流感等多起重大疫情，以重大疫情为表现的生物安全问题严重影响民众健康、经济运行和社会稳定。2020 年 1 月，湖北省武汉市等地陆续发生新型冠状病毒肺炎疫情，加大了我国面临的生物安全挑战。不仅仅我国面临着生物安全威胁，全球生物安全形势也日趋严峻。

国际上近些年来发生了多起生物战、生物恐怖袭击、重大新发突发传染病以及外来物种入侵等生物安全事件，对各国维护国家安全提出了挑战。1984 年 9 月，在美国俄勒冈州 Dalles 镇，宗教极端分子为阻止镇民投票否定该组织在镇里建立其宗教总部，在 2 个餐馆的沙拉台里投放了伤寒沙门菌，导致该镇 751 人患急性肠炎，其中 45 人入院治疗。1996 年 10 月，美国得克萨斯州某医学中心一个实验室的 10 名工作人员发生食物中毒，经化验检查是志贺氏痢疾杆菌 2 型污染食品柜内点心所致。根据各方面调查研究，认为该事件是一起人为的生物袭击报复行为，此案至今未破。1995 年，以麻原彰晃为首的奥姆真理教在日本东京地铁进行的沙林毒气袭击，造成 12 人死亡，数千人受伤。警方在其后的搜查中发现，该邪教不但实际拥有炭疽芽孢等生物制剂，并已制定了生物恐怖袭击的行动计划和具体实施手段。

我国生物技术药物的发展是从 1982 年研究出第一个人工重组胰岛素开始的，自 1986 年实施"863"计划以来，生物技术药物的研究、开发和产业化获得了飞速发展，到目前已经有 150 多种生物技术药物上市并被用到医院的治疗中。

2019 年共有 3 个国产生物类似药获批上市，其中上海复宏汉霖生物制药有限公司研发的利妥昔单抗注射液获得国家药品监督管理局批准上市，主要用于非霍奇金淋巴瘤的治疗；百奥泰生物制药股份有限公司研发的阿达木单抗注射液获得国家药品监督管理局批准上市，用于治疗类风湿关节炎、强直性脊柱炎和银屑病等自身免疫性疾病；齐鲁制药有限公司研发的贝伐珠单抗注射液获得国家药品监督管理局批准上市，主要用于晚期、转移性或复发性非小细胞肺癌、转移性结直肠癌的治疗。

合肥天麦生物科技发展有限公司研发的口服胰岛素采用控释胶囊选材及微粒包裹等技术，攻克了蛋白质口服给药的关键瓶颈。该口服胰岛素于 2019 年在美国完成了 IIb 期临床试验，正在中国开展 I 期临床试验，降糖效果良好，为糖尿病患者控制血糖提供了更方便的治疗途径。

2019 年我国颁布了全球首部综合性疫苗管理法律——《疫苗管理法》。该法颁布后疫苗研发取得重要进展。玉溪沃森生物技术有限公司的 13 价肺炎球菌多糖结合疫苗获批上市，对婴幼儿和儿童肺炎的预防有积极意义；厦门万泰沧海生物技术有限公司的双价人乳头瘤病毒疫苗获批上市，该药是首家获批的国产人乳头瘤病毒疫苗；中国科学院上海巴斯德研究所的四价重组诺如病毒疫苗进入临床试验。

由生物芯片上海国家研究中心牵头组织全国20多家单位领域专家制定的我国生物样本库首个国家标准GB/T 37864《生物样本库质量和能力通用要求》于2019年正式发布。该标准是在中国医药生物技术协会组织生物样本库分会十年的行业标准实践基础上完成。标准化、高质量生物样本库是国家重大战略资源,是涉及国家安全的重大基础工程,对创新性基础临床与转化研究具有重大价值。该标准的发布标志着我国生物样本库建设进入全面标准化时代,并走在国际前列。

2018年3月29日至31日,中国医药生物技术协会组织生物样本库分会在上海召开"2018中国整合生物样本学大会暨BBCMBA十周年庆典"(图2-1)。本次会议共有10余名院士、150余名相关领域专家、近1500名参会代表出席,共计500余家医院、大学、科研院所及生物医药企业以及60余家国内外参展商。由上海理工大学担任组长单位的低温生物学组在本次庆典上摘得"优秀组织奖"称号,这是对学校低温生物学科在转化医学领域做出重要贡献的认可。刘宝林教授作为首届低温生物学组的组长(图2-2),对低温生物学组自成立以来的工作进展进行了汇报,赢得了与会专家的高度赞扬。

图2-1 2018年中国整合生物样本学大会

上海理工大学是我国低温生物医学学科的重要发源地之一,在生物细胞、组织和器官的低温保存领域有着深厚的研究基础,在国内外享有较高声誉。2017年4月,由上海理工大学倡导、国内40余家著名三甲医院参与,成立了首届中国医药生物技术协会组织生物样本库分会低温生物学组,上海理工大学当选为组长单位。自成立以来,低温生物学组积极搭建平台,多次组织承办全国性的"低温生物医学论坛",参与主办国际低温生物大会,利用新媒体eBiobank微信公众号分享、普及低温生物医学相关的文献等,竭力推动低温生物医学在转化医学和生物样本科学领域的应用,为服务我国精准医疗基础研究的生物样本库标准化建设提供了重要理论和技术保障。

图 2-2　刘宝林教授

国内品牌在国际上获得了认可，增强了我们的民族自信，加深了我们的民族自豪感。通过这种列举身边例子的方式，能够让学生有更形象具体的感受，并意识到生物安全、科创精神和创新思维的重要性。

四、教学效果

(一)案例开展的意义和价值

避免照本宣科，以生物技术发展史和身边企业的故事感动学生，培养学生的维护生物安全意识和民族自豪感与爱国主义精神。

(二)主要成效和特色

生物安全直接关系到民众健康、经济运行、社会秩序、国家安全和政局稳定，推进生物安全在国家治理体系和治理能力现代化中的建设具有重要意义。

随着现代生物技术的发展，生物技术成果纷呈，为人类的发展作出了巨大贡献。然而，人们深刻地认识到生物科技在造福人类的同时，也可能会给人类社会带来灾难。生物技术制药为相关专业的本科生和研究生了解和掌握该领域的知识提供帮助。

学生表示不仅能从"生物技术制药"这门课程中了解到先进的现代生物技术工艺，更能从一些身边的事件感受到我国生物技术领域的快速发展，民族自豪感油然而生。

案例3　生物医学工程材料与创新精神

一、所属课程

生物医学工程材料

二、教学目的

(一)课程教学目标

众所周知，任何器械或产品的研发都离不开材料，没有材料，再好的设计也只是纸上谈兵，转化不成产品，所谓巧妇难成无米之炊。对于医疗器械行业而言，生物医学工程材料就是制作所有医疗器械的基础。许多国内外知名的医疗器械企业都设有专门的材料研发部，专门从事新型生物医用材料的设计开发，为医疗器械的产品创新提供坚实的保障条件。对于生物医学工程专业的学生而言，毕业以后如果从事医疗器械相关行业，无论是从事医疗器械产品设计、研发、制造，还是从事产品质量检测、产品注册等工作，都应该熟练掌握生物医学工程材料的组成、性质、特点及其功用等知识。

"生物医学工程材料"是生物医学工程专业一门重要的专业课程，该课程的目的和任务是使学生从材料的组成、结构、制备工艺、性质以及应用等方面，掌握现代医学领域中常用的各种材料，包括生物医用金属材料、生物医用无机材料、生物医用高分子材料、生物医用复合材料等，并了解目前各种常用的生物医用材料所制作的医疗器械产品的特性与功用。在熟悉各类生物材料特性及其性能影响因素的基础上，开动脑筋，通过新型材料设计或结构设计解决临床问题，从而为今后走上工作岗位进行医疗器械产品开发及产品检测等相关工作打下坚实的基础。

（二）思政育人

1. 设计思路

首先对各类常用生物医用金属材料的成分、物理化学特性、生物相容性、制备加工工艺等做详细的介绍，其中重点讲解不同成分、不同热处理工艺、不同加工工艺等因素对材料性能的影响规律。在学生了解上述知识点之后，结合目前临床上的实际问题，引导学生利用所学习的知识，完成一项医疗器械产品的创新设计，做到学以致用。

2. 思政育人目标

（1）坚持知识传授与价值引领相结合，针对我国高端医疗装备的短板，结合具体的临床问题，培养学生的创新精神，助力"健康中国2030"，激发学生的自豪感和使命感。

（2）结合我国生物医用材料技术水平相对落后的现实情况，以及"中国制造2025"中生物医用材料的国家战略地位，通过认识世界与中国发展的大势比较、中国特色与国际的比较，使学生认清历史使命与时代责任，倡导学生爱国、敬业。

（3）针对复杂工程问题，能够应用生物医学工程的基本理论和方法，设计满足特定需求的医疗器械或关键部件，制定解决方案，并能够在设计环节中体现创新意识，考虑社会、健康、安全、法律、文化以及环境等因素。

（4）能够在多学科背景的团队中承担个体、团队成员以及负责人的角色，培养团队意识。

（5）具有自主学习和终身学习的意识，有不断学习和适应发展的能力。

三、教学实施过程

（一）课堂主要知识点介绍

介绍常用的医用不锈钢、医用钛合金、医用形状记忆合金等生物医用金属材料的物理化学特性与生物相容性，重点讲解不同成分、不同热处理工艺、不同加工工艺对材料性能的影响规律。

（二）引出创新知识点

中共中央政治局2016年8月26日召开会议，审议通过《"健康中国2030"规划纲要》。会议强调，《"健康中国2030"规划纲要》是今后15年推进健康中国建设的行动纲领。要坚持以人民为中心的发展思想，牢固树立和贯彻落实创新、协调、绿色、开放、共享的发展理念，坚持正确的卫生与健康工作方针，坚持健康优先、改革创新、科学发展、公平公正的原则，以提高人民健康水平为核心，以体制机制改革创新为动力，从广泛的健康影响因素入手，以普及健康生活、优化健康服务、完善健康保障、建设健康环境、发展健康产业为重点，把健康融入所有政策，全方位、全周期保障人民健康，大幅提高健康水平。这一政策文件的出台，表明国家高度重视我们人民群众的身体健康，全力维护我们普通群众的切身利益。

此外，高端医疗装备行业是关系国计民生与国家安全的战略行业，高端医疗装备水平是体现国家科技进步和全民健康保障能力的重要标志。习近平总书记多次强调，要以新型举国体制铸就国之重器，加快补齐我国高端医疗装备短板，加快关键核心技术攻关，突破技术装备瓶颈，实现高端医疗装备自主可控。目前，我国的高端医疗装备（图3-1）与发达国家还有一定的差距，需要各位同学开拓创新，为我国医疗器械行业的发展尽责尽力！

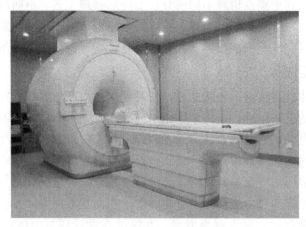

图3-1　国产高端医疗装备

在上述信息介绍完毕后，引出下述具体的临床实际问题。

儿童寰枢椎脱位在临床上较为常见，现有的治疗技术都是利用医用钛合金制备滑脱复位固定系统。然而，儿童生长发育极为迅速，金属椎弓根螺钉的存在限制了寰枢椎的纵向生长。因此，在术后1~2年内待植骨融合后，均建议将金属椎弓根螺钉取出。但是植骨愈合后，金属椎弓根螺钉往往被埋入植骨区，需要破坏已愈合的骨质才能将其取出，且临近有诸多重要解剖组织（如椎动脉、脊髓等），在螺钉取出过程中极易误伤而导致严重后果；并且二次手术增加了患者痛苦和经济负担。因此，如有可吸收的儿童椎弓根螺钉，将可以极好地解决这一问题。

从21世纪初开始，以生物可降解镁合金为主要代表的具有生物可降解特性的新一代医用金属材料的研究发展迅速，受到了人们的特别关注。这类新型医用金属材料改变人们通常将金属植入材料作为生物惰性材料使用的传统思想，巧妙地利用镁基金属材料在人体环境中易发生腐蚀（降解吸收）的特性，来实现金属植入物在体内逐渐降解直至最终完全吸收的医学临床目的。

但是作为寰枢椎脱位治疗而言，现有的医用镁合金有两个主要问题需要解决：第一，力学性能相对医用钛合金而言较差；第二，在人体内约2周后即会发生降解，而寰枢椎脱位固定一般需要6个月甚至更长的时间才能愈合。

（三）布置创新大作业

基于上述信息，请学生利用所学过的知识，完成医用镁合金寰枢椎脱位固定系统设计。学生3~4人一组，通过查阅公开发表的文献及授权的专利、与老师及临床医生及时沟通等方式，找到解决以上临床问题的方法，并制作PPT，分组汇报，其他学生和老师一起对该组学生的汇报成果进行交流评价。

四、教学效果

(一)案例开展的意义和价值

“生物医学工程材料”是一门相对而言专业性比较强的课程，无论是材料的制备、成分分析还是性能表征等，都是文字描述，如何把大段大段的文字描述型课程内容讲解得生动有趣从而吸引学生的注意力，提高其对本门课程的学习兴趣是一个难题。此外，在提高学生学习兴趣的基础上，如何能增强学生的创新意识是另外一个难题。通过本思政案例的开展，一是激发学生的爱国热情，《“健康中国 2030”规划纲要》的发布说明国家一直在关心我们老百姓的切身利益，在设身处地地为我们每一个人着想；二是，通过结合临床的实际问题，把自己所学到的知识用到医疗器械产品创新中去，做到了学以致用（图 3-2）。

学生评语

序号	评语
1	老师专业知识非常厉害，不用看书都能倒背如流，
2	该课程看似枯燥，实则非常有意义，特别是大作业环节，收益颇丰！

学生评语

序号	评语
1	很生动，增加上课趣味性，同时对专业介绍也很详尽。
2	老师知识渊博，让我对其专业有更深刻的了解。
3	教学认真负责 关心同学
4	教学很吸引人
5	认真负责
6	老师很风趣
7	课堂生动

图 3-2　学生对课程教学的评价

(二)主要成效和特色

学生理解了我国医疗器械尤其是高端医疗器械的研发水平与发达国家还有一定的差距，为了避免被西方国家关键时刻“卡脖子”，需要学好专业知识，为我国医疗器械行业发展尽责尽力。

通过案例的讲解，学生们不仅提升了对“生物医学工程材料”这门专业课程的兴趣，而且把学到的知识能直接用到解决具体的临床问题中去，学生很有成就感。在这个过程中，不仅把主要知识点掌握得更牢靠了，而且培养了学生们的创新意识，提升了学生的专业素养。

案例4　科学精神、敬业精神与工匠精神

一、所属课程

假肢矫形器学

二、教学目的

(一) 课程教学目标

通过"假肢矫形器学"课程的学习，使学生掌握人体上肢假肢、下肢假肢、矫形器等人体体外代偿与矫正器械的工程基础与技术方法。培养医工结合、机电结合、兼容管理并具有实践动手能力的康复工程技术高级专门人才，既适应现代假肢矫形技术临床的需要，又能从事康复器械专业领域的技术、营销和管理工作。通过电动上肢假肢这一章节的学习，掌握电动上肢假肢的设计方法，掌握肌电、脑电等各种信号源假肢控制方法。

(二) 思政育人

1. 设计思路

电动上肢假肢主要包括肌电控制器、假肢接受腔及假肢机械结构，结合上述电动上肢假肢的基本结构，采用案例教学、实践教学相结合的方法培养学生的科学精神、敬业精神与工匠精神。在肌电控制器教学中分析身边老师同学的案例，培养学生的科学精神；在假肢接受腔教学中采用实践教学方式，培养学生的工匠精神；在假肢机械结构的教学中，讲解国外先进电动上肢假肢设计过程，培养学生的敬业精神。

2. 思政育人目标

培养学生的科学精神、敬业精神与工匠精神。

三、教学实施过程

1. 基于肌电信号上肢假肢控制

肌电假肢的信息源来自残肢肌肉发放的动作电位，肌电假肢主要通过对 EMG 信号的分析，提取反映运动意愿的有效特征，从而建立特征矢量与运动空间的映射关系来实现控制功能。由于它能够更有效地反映肢体的运动信息，因此比机械牵动式假肢更为优越，不仅受到患者的青睐而拥有广阔的市场，而且也成为上肢假肢研究中的一个热点。肌电信号的电平仅有 1mV 级，需要经过精密的信号采集调理及特征提取，实现假手控制。在此，我们列举身边的案例。上海理工大学康复工程与技术研究所所长喻洪流教授，始终以炽热之情一心扑在学校教学与科研工作中，经过近 10 年的研究，攻克微弱肌电信号处理、智能动态控制算法、抗电磁干扰等关键技术，实现假手力精确控制，获得了教育部、中国康复医学会的大奖。假肢矫形工程专业学生简卓，在读本科时即到实验室参与科研，在校时每天总是第一个来到实验室，经过长时间持之以恒的学习，成长为康复机器人专家，目前已申请 50 余项专利（图 4-1），是上肢康复机器人产品国家标准主要起草人之一，与同学王道雨联合创办了上海卓道医疗科技有限公司，专业从事高端康复机器人和智能康复软硬件研发、生产、销售。2020 年 4 月，卓道医疗作为科技创新企业代表被中央电视台综合频道《新闻联播》采访报道。通过这些身边的案例，启发学生坚持不懈，以及不怕困难、不辞辛劳、勇于创新的精神。

图 4-1 优秀成果及优秀毕业生

2. 假肢机械结构的设计

假肢替代的是人类的肢体，上肢尤其手是人体最精妙的器官之一。2006 年，为帮助截肢患者，美国国防部高级研究计划局批准设立部分新项目；2014 年，美国食品和药物管理局（FDA）批准了由 DEKA 项目组研发的 LUKE 义肢；肩部级别的义肢在 2016 年年底已初步商用。LUKE 手臂已经发展了约 15 年，经过数代产品的迭代，最终形成了商业化的产品（图 4-2）。这种假肢装置可将肌肉电信号"翻译"成多达 10 种的肢体动作，将这些电信号传输到假肢中的计算机处理器，随后转化成可被机器执行的指令，再以运动传感器、压力传感器等设备来完成假肢的动作。除了创建具有触觉的 LUKE Arm 原型外，犹他大学（University of Utah）于 2019 年开始开发一个完全便携且不需要连接到机身外部计算机的版本。相反，所有内容都将以无线方式连接，从而给佩戴者完全的自由，并有望一到两年内取得联邦监管批准。这个实例给学生的第一点启发是无论商业产品的研制还是科研工作，都需要长期精益求精、锲而不舍的投入，才能获得最后的成功；第二点启发就是假肢矫形工程也是当前最热门的科研工作之一，学生要对专业充满自信，对专业对课程感兴趣。

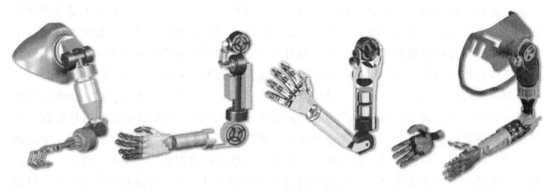

图 4-2 上肢假肢机械设计

3. 假肢接受腔的制作

接受腔制作技术在假肢安装中十分关键。假肢接受腔是连接残肢和假肢组件的重要介体，它可以将残肢收纳其中，起到承载身体重量、传递作用力和控制假肢等作用。假肢接受腔要符合解剖学和生物力学，在使用中要求具有舒适性，担负着力量传递和运动传递功能，接受腔的设计和制作（图 4-3）在假肢安装中是十分关键的一环。在本部分内容的教学中，我们采用实践教学的方式，学生全程参与假肢接受腔取型、修型、灌树脂、打磨等制作过程，启发学生敬业、精益、专注的工匠精神。

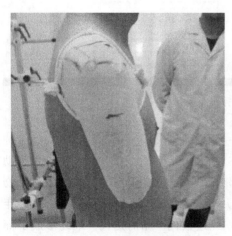
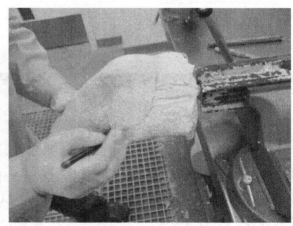

图 4-3 接受腔的制作

四、教学效果

(一)案例开展的意义和价值

通过案例教学及实践教学,诠释科学精神与工匠精神,潜移默化地影响学生,培养学生求根问底、孜孜不倦的工作精神,精益求精、锲而不舍的科学精神及敬业、精益、专注的工匠精神。

(二)主要成效和特色

学生对专业更加自信,多位本科学生进实验室参与科研,2018/2019年本科生发表B类以上论文20篇;在教师指导下,学生申请发明专利23项;获得全国重大赛事奖项22项;留在相关行业学生的比例持续攀升,2018年以来毕业生90%以上获假肢矫形器师职业资格证书。

案例5　钻研精神与敬业精神

一、所属课程

医用电气安全及电磁兼容技术

二、教学目的

(一)课程教学目标

通过课程教学与思政教学的相互渗透、交叉融合，为国家和社会提供政治素质过硬的专业优秀人才。本课程是一门专业基础课，通过这门课程的学习，用于解决医学电子设备使用与检测中的实际问题。本课程的主要任务是使学生较全面掌握医用电气设备的安全性分析和安全管理基本方法，熟悉国内外通用的一些主要医用电气设备的故障分析，以及其电气安全检测、医用电气设备的国家通用标准等。掌握各种仪器的基本参数检测，以及这些设备在检测中主要碰到的重点与难点，并在此基础上扩展到其他相似的设备。在教学过程中培养学生钻研精神、敬业精神。通过增加相应检测仪器的设计与开发技巧，开阔学生的知识面，提高学生适应各种工作的能力。让部分学生参与电气安全检测仪器设计，提高开发能力，培养学生的创新精神。

(二)思政育人

1. 设计思路

通过介绍电磁兼容检测基础知识，在教学过程中引入微电流测量方法的进步和电池的发明过程，培养学生钻研精神、敬业精神。

2. 思政育人目标

培养学生的辩证思维，培养学生钻研精神、敬业精神，提高开发能力，培养学生的创新精神。

三、教学实施过程

医疗电子仪器和器械有电磁兼容要求，对其发射限值和抗扰度提出一个共同遵守的标准是研发、生产、检验、使用和监管各方共同工作的基础。电磁兼容标准的提出有其技术基础和科学内涵，而标准条文又具有概括性和可操作性，本课程电磁兼容部分的目的就是在研究电磁场和电磁波物理学的基础上让学生认识干扰的来源、途径以及测量方法和规范，理解评价设备抗干扰能力的角度和方法。电磁学是物理学的一个重要分支，其发展过程充分体现了物理学的客观观察严谨推理的特点。电磁学的发展不仅全面而深刻地改变了人类社会，而且是现代物理学得以建立的重要原因。

本课程的思政教育基于本课程的理论和技术基础，教育学生懂得科学研究所须遵循的科学精神。

案例：争论出来的成果——微电流测量方法的进步和电池的发明

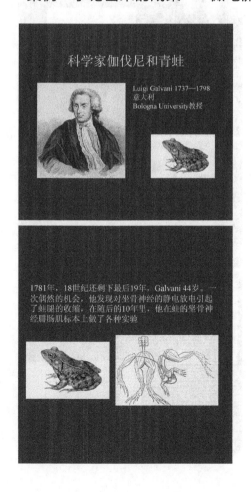

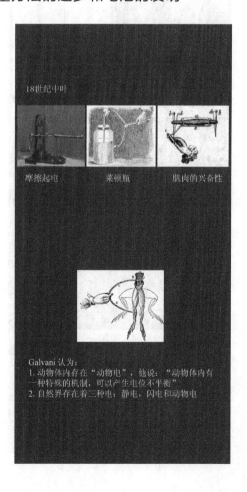

科学家伏打

Alessandro Volta 1745—1827
意大利
比Galvani小8岁
当Galvani开始研究生物电的时候Volta是University of Pavia 物理学教授
Galvani开始和他通信
Volta重复了那些实验，他同意蛙腿收缩是电刺激的结果。开始他也相信动物电的理论，但是后来有了自己的想法

- 电池的发明证实了双金属导体实验中Volta的想法，即导体和液体的接触产生了电位差
- 但是活着的动物体内并无导体
- 但是蛙腿收缩并非生物电存在的直接证据

那么，到底有没有动物电？
直接的证据来自于电流的灵敏测量

Leopaldo Nobili
1784—1835，
意大利，
1825年，电流计

怎样才能从体外测试动物电呢？

因为后人的改进，Nobili电流计的灵敏度得到了很大的提高，但由于指针是磁针，指针的磁场越强意味着质量越大，所以其灵敏度的提高受到了限制。

既然载流导线之间的作用力是磁场作用的结果，自然，不仅载流导线之间，而且载流导线在磁铁的磁场中也会受力

- 1791年，Volta对动物电理论产生怀疑，认为实验中双金属导体可能是电的来源
- 1794年，Galvani：即使在单种金属的情况下蛙腿照样收缩。Volta：这仅仅是金属和液体接触的反应
- 1797年，Galvani：仅仅两根神经的接触也会引起蛙腿收缩
- 1798年，Galvani去世
- 1799年，Volta发明了银锌电池，轰动世界，打开了19世纪电磁学大发展的大门

18世纪即将结束，由于伏打电池的发明，电磁学大发展的19世纪正在走来

Hans Christian Oersted, 1777—1851，
丹麦
1819年发现电流产生磁场

Carlo Matteucci, 1811—1868，
意大利，
物理学家，神经生理学家
1830年代，利用Nobili电流计从损伤组织中观察到生物电

André-Marie Ampère
1775—1863
法国
物理学家，数学家
安培定理
解释了奥斯特现象的数学和物理原理，并进行了载流导线实验

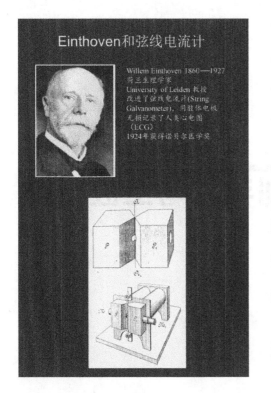
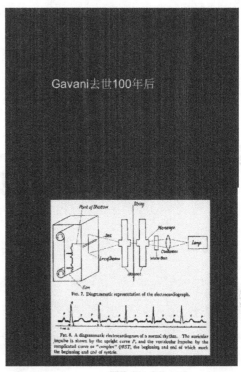

四、教学效果

本课程教学通过仪器的原理，内容延伸鼓励学生和促进学生动手设计仪器，挖掘了他们的潜能，培养创新精神与钻研精神以及爱国主义精神。教学中学生主动学习，动手实验，增强了学生自主学习能力。这些改革顺应了目前高校专业课程的思政教学的要求，实现了思想政治教学和专业学的统一与和谐。

案例6 微创手术与工匠精神

一、所属课程

微创医疗器械概论

二、教学目的

(一)课程教学目标

在学习微创手术与介入医学基本知识的基础上,进一步熟悉与微创介入医学有关的基本术语(中英文),了解当前最先进各种主要微创介入医疗技术特点。通过本课程的学习与训练过程,培养良好的科学态度,学会与周围同事(同学)及外界(医生、专家、厂家)等沟通、打交道和合作;培养学生较强的独立思考与独立学习的能力。

(二)思政育人

1. 设计思路

"以小看大",感受民族情怀,"小创-微创-无创"为主线,将对细节的追求和创新的坚持深深融入其中;"尽精尽微",培养大国工匠精神;必须面对微创与介入器械水平与欧美间的距离的现实,不甘落后,肩负着巨大的使命和责任。

2. 思政育人目标

学会以审视的眼光欣赏各种最前沿的微创介入技术;掌握几种最主要微创手术介入医学产品的设计方法;通过自选题全面掌握(听、说、读、写、想)至少一种微创介入医疗技术并学会产品设计的一些基本思维方法并逐步地培养出一种适度的自信;了解国内从事微创介入手术的主要医院和主要医生的基本情况,培养学生的爱国情怀、民族自豪感和大国工匠精神。

三、教学实施过程

本课程基于产出导向的理念,采用线上线下混合式教学方法,讲授与实践相结合,旨在学生的能力培养和提高。

1. "以小看大",感受民族情怀

以"小创-微创-无创"为主线,将对细节的追求和创新的坚持深深融入其中。

2. "尽精尽微",培养大国工匠精神

以心血管介入支架为对象,从产生原因、治疗原理及并发症预防角度,阐述"精"与"微"的工艺特点。

3. "面对现实",微创大设备待完善

针对"面对现实",微创大设备待完善这一环节,鼓励学生查阅最新发展的文献资料,以 ppt 结合视频资料汇报交流,不仅活跃了课堂气氛,更让学生了解专业技术发展前沿。讲授肿瘤微创医疗器械章节时,课上以"热疗"和"冷疗"为主讲授,向学生介绍当今最新的研究现状,了解我国与欧美在肿瘤医疗器械的差距,面对现实,正视问题,才能领悟责任担当和大学生的使命。

四、教学效果

(一)案例开展的意义和价值

微创伤介入医学是人类二十世纪继抗生素、消毒技术、全身麻醉技术之后最重要的临床医学成果。微创技术集合生物医药技术、计算机技术、信息处理技术、影像技术、新材料、电工学、控制理论、各种尖端物理化学手段、精密加工制造、互联网技术等,反映和代表一个国家的综合科技和工业水平。微创伤介入医学的诞生极大地提高了病人的生活质量和医疗效果。"微创医疗器械概论"课程学习目的在于,在学习微创手术与介入医学基本知识的基础上,进一步熟悉与微创介入医学有关的基本术语(中英文),了解当前最先进各种主要微创介入医疗技术特点。通过本课程的学习与训练过程,培养良好的科学态度。

通过本环节的扩展,学生们认识到我国的医疗水平与欧美相比还有很大的距离,必须面对现实,不甘落后。生物医学工程是一个年轻的行业,依然存在着设备垄断、人才短缺、技术空白的问题,需要解决、突破很多的技术难关。青年一代有理想、有本领、有担当,科技就有前途,创新就有希望。

(二)主要成效和特色

为了跟国际水平接轨,本课程要求学生掌握微创介入医学有关的基本术语(中英文),

并通过微视野练习和专题小论文文献检索,提高双语水平;多元知识融入,多方面提高学生的能力。

学生们纷纷表示:"我们肩负着巨大的使命和责任,校园是梦想起飞的地方,是希望开始的地方。现在中国,相关企业和教育部门都在大力推动着我们的发展。""在医学科学飞速发展,在健康中国、健康上海战略全面实施的时代背景下,学生们可以大有作为。"

案例7 创新思维及奉献科学的精神

一、所属课程

医工交叉融合与创新实践

二、教学目标

(一) 课程教学目标

以通俗语言讲述医工交叉融合和创新实践相关知识。以生物医学工程老师们正在承担的医工交叉项目为载体，讲述和实践各自的医工交叉项目，涉及机械、电子、通信、材料等相关知识，为学生今后的专业课学习起到良好的铺垫作用。

(二) 思政育人目标

上海理工大学启动医工交叉项目以来，生物医学工程研究所老师们承担了近30项医工交叉项目，与新华医院、长征医院、长海医院、市九院均建立了良好的合作。这些项目目前均在陆续的推进过程中，积极推动了生物医学工程的发展，一批学生融入课题中，为培养复合型工程人才培养提供了一条非常有意义的创新路径。本课程将以通俗语言讲述医工交叉融合和创新实践相关知识。以生物医学工程老师们正在承担的医工交叉项目为载体，讲述和实践各自的医工交叉项目，涉及机械、电子、通信、材料等相关知识。课程拓展了学生们的知识面，增强他们对生物医学工程专业的热爱和兴趣。

1. 设计思路

从我国近30年医疗器械的快速发展历程、国产医疗器械市场占有率等方面，以及结合各位老师承担的医工交叉项目，讲述我国近 10 多年取得的不俗的成绩。

2. 思政育人目标

培养学生的创新精神及科学精神。

3. 育人主题

创新精神、科学精神、爱国主义。

三、教学实施过程

1. 全球医疗器械产业现状

全球医疗器械市场规模持续扩大，如图 7-1 所示。

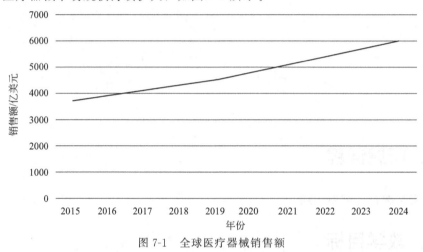

图 7-1　全球医疗器械销售额

据 Evaluate MedTech 发布的"World Preview 2018, Outlook to 2024"显示，2017 年全球医疗器械市场销售额为 4050 亿美元，同比增长 4.6%；预计 2024 年销售额将达到 5945 亿美元，2017～2024 年间复合增长率为 5.6%。

全球医疗器械行业营收前十名分别是：美敦力、强生、GE、史塞克、西门子、罗氏、飞利浦、雅培、波科、BD。这些前十名医疗器械企业市场占有率约为 35%。美国占全球医疗器械市场约 40% 市场份额，欧洲占全球医疗器械市场约 30% 市场份额。

2. 国产医疗器械产业现状

我国医疗器械产业销售收入增速超全球平均水平，整体步入高速增长阶段。医疗设备市场依然是中国医疗器械最大的细分市场，占比 56.80%；其次为高值医用耗材市场，占比 19.72%。中国医疗器械市场前十名市场占有率合计为 12.6%，市场集中度仍远低于国际水平。

我国医疗器械生产企业主要分布在长三角、珠三角和环渤海地区，其中广东、江苏、浙江、山东、河北、上海和北京等 7 省市的医疗器械生产企业占全国总数的 58.5%。

中国新兴市场是全球最具潜力的医疗器械市场，产品普及需求与升级换代需求并存，近年来增长速度较快。中国已经成为全球医疗器械的重要生产基地，在多种中低端医疗器械产品领域，产量位居世界第一。

国产医疗器械产业整体情况如下:

(1) 行业小散乱,随着高端进口替代的进行,行业集中度会逐渐提升。

(2) 进口替代仍然处于初级阶段,目前只能替代低技术含量的器械,企业收入增加后会有更高的研发投入,进口替代持续进行。

(3) 每个器械都是一个细分子行业,每个子行业的天花板都不高,并购几乎是器械企业做大的唯一途径。

(4) 政府通过行政方法支持国产设备;贸易战增加关税的进口设备对应的国产设备价格优势更明显;器械各细分子类市场中国都已出现龙头公司。

经过多年的改革和自主创新,我们已经出现了深圳迈瑞、山东新华医疗、杭州迪安诊断等优秀国产医疗器械公司。目前营收排名前十位的国产医疗器械公司见图7-2。

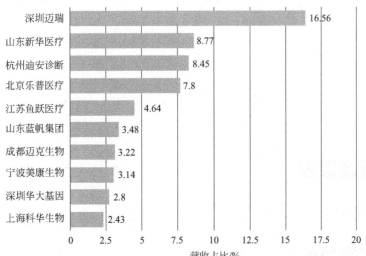

图 7-2 当前营收排名前十位的国产医疗器械公司

四、教学效果

(一)案例开展的意义和价值

避免照本宣科,以数据说话,培养学生的辩证思维、创新精神与科研精神。

(二)主要成效和特色

课后,通过超星平台或者 QQ 及微信等,回答同学们的相关问题,为大家解答疑惑,让学生对本课程感兴趣,同时培养大家的爱国热情和独立思考问题的能力。

案例8 医用检验仪器与创新思维

一、所属课程

医用检验仪器

二、教学目的

(一)课程教学目标

通过"医用检验仪器"的学习,使学生了解和掌握目前临床上常用的各类检验仪器的基本工作原理、主要结构、电路分析和使用方法等。旨在为学生日后从事相关工作打下必要的基础。

(二)思政育人

1. 设计思路

概述医用检验仪器的发展,阐述我国经过20多年的发展,已经在检验仪器领域取得一席地位。我们应当继续努力,争取早日实现进口产品的国产替代,推动原创高端医用检验仪器和高端耗材的发展。

2. 思政育人目标

培养学生的独立自主思考能力,培养学生的创新思维及奉献科学的精神。

三、教学实施过程

医学检验（临床检验）是将病人的血液、体液、分泌物、排泄物和脱落物等标本，通过目视观察、物理、化学、仪器或分子生物学等方法检测，并强调对检验全过程（分析前、分析中、分析后）采取严密质量管理措施以确保检验质量，从而为临床提供有价值的实验资料。

与之等价的概念是体外诊断，即 IVD（In Vitro Diagnosis），是指在人体之外，通过使用体外检测试剂、仪器等对人体样本（血液、体液、组织等）进行检测与校验，而获取临床诊断信息，进而对疾病进行预防、诊断、治疗检测、后期观察、健康评价的过程。

1. 检验仪器特点

医用检验仪器是用于疾病诊断、疾病研究和药物分析的现代化实验室仪器。其主要特点包括：

（1）往往需要体外诊断试剂，相应的仪器也称为体外诊断设备。

（2）针对血、尿、分泌物等的检测，存在交叉感染、污染水源、病毒或者细菌外泄的可能。

（3）仪器结构复杂、技术先进。集光、机、电（新材料、新器件、新方法）于一体的仪器，自动检测、自动控制。

（4）精度高。医用检验仪器是用来测量某些物质的存在、组成、结构及特性的，并给出定性或定量的分析结果，所以要求精度非常高。医用检验仪器多属于精密仪器。

2. 医用检验仪器的发展历程（见图 8-1）

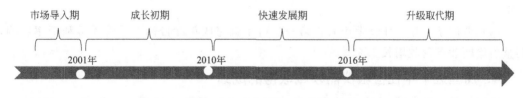

图 8-1 医用检验仪器发展历程

（1）市场导入期（2001 年以前）。此时，国产体外诊断仪器生产企业少、技术低，医院检验市场基本由外资品牌垄断。

（2）成长初期（2001～2010 年）。国产企业在生化、酶联免疫吸附实验诊断领域随着技术逐步加强，产品质量稳步提升，行业内出现一批以生化和酶联免疫为主要产品的中小型企业，如安图生物、九强生物等。

（3）快速发展期（2010～2016 年）。国产全自动化学发光、分子诊断等技术取得重大突破，行业内优秀企业陆续登陆资本市场并快速发展，比如：美康生物、麦克生物等企业。

（4）升级取代期（2016 年以后）。国内企业不仅在中低端免疫诊断产品逐步扩大市场占有率,而且在外资垄断的化学发光和分子诊断领域也开始实现了部分进口替代。

3. 检验仪器全球情况

2015年全球体外诊断市场规模约为620亿美元,2018年达到795亿美元,2015～2018年复合增长率为7%。欧美等发达国家是体外诊断的主要市场,据IVD Technology统计,美国、西欧和日本为全球前三大体外诊断市场,市场份额分别为41%、25%、9%,发达国家市场相对成熟,发展较为平稳。

体外诊断在全球范围内已成为拥有数百亿美元庞大市场容量的成熟行业,市场集中度较高;主要分布在北美、欧洲等体外诊断市场发展早、容量大的经济发达国家,并已经形成以罗氏、雅培、贝克曼(丹纳赫)、西门子为主的"4+X"较为稳定的格局,行业前十销售收入均在10亿美元以上,产品线丰富,不仅包括各类体外诊断试剂,还包括各类诊断仪器以及与之相关的医疗技术服务,且在各自细分领域都极具竞争力,占据全球八成的市场份额。2018年检验仪器全球市场规模统计见表8-1。

表8-1 2018年检验仪器全球市场规模统计

2018年度	罗氏	雅培	丹纳赫	西门子医疗
总营收/亿美元	575	306	198.9	151.29
增长率/%	7	11.6	8.5	4
诊断业务营收/亿美元	130.57	74.95	62.6	44.73
诊断业务增长率/%	7	33.5	7	1
诊断业务占比/%	23	25	31	29.5

(1) 罗氏:继续以绝对优势稳居行业龙头,诊断业务营收几乎是第二和第三的总和。

(2) 雅培:收购Alere之后,跃居全球IVD"二把手"。并受此影响,诊断业务高达33.5%的增长率。

(3) 丹纳赫:诊断业务已是第二大业务,达31%。但是持续的高增速在2018年有所下滑。

(4) 西门子医疗:IPO上市后,第一个财年就完成年度目标。尽管受不利汇率影响,调整后诊断业务营收增长1%。

4. 我国近十年在检验仪器领域取得的成绩

中国体外诊断行业增速保持在11%～16%之间且逐年递增,增量迅速(图8-2)。2018年我国体外诊断行业收入规模约为418亿元,2020年达到513亿元。

图8-2 2012～2018年中国检验市场规模与增速情况

2018年国内有57家上市的体外诊断类企业。其中主板上市公司17家，新三板挂牌公司40家。体外诊断类上市公司2018年收入规模约200亿元，占比推算行业总规模45%左右。生化类体外诊断类上市公司收入规模占比较大，这主要与其发展较早相关，免疫及分子诊断类上市公司相对市场集中度小，对应的上市企业收入规模相对较小。2018年国内检验仪器规模企业见表8-2。

表8-2　2018年国内检验仪器规模企业

企业	营收/亿元	同比增长/%	净利润/亿元	同比增长/%	IVD收入/亿元	企业	营收/亿元	同比增长/%	净利润/亿元	同比增长/%	IVD收入/亿元
迪安诊断	69.67	39.22	3.89	11.16	68.33	科华生物	19.9	24.85	2.08	−4.58	9.61
润达医疗	59.64	38.10	2.62	19.51	59.64	迪瑞医疗	9.33	7.58	1.98	18.12	9.29
迈瑞医疗	137.53	23.09	37.19	43.65	46.26	九强生物	7.74	11.51	3	10.07	7.72
金域医学	45.25	19.35	2.33	23.77	42.36	丽珠集团	88.61	3.86	10.82	−75.56	6.97
美康生物	31.35	21.32	2.41	4.99	30.9	利德曼	6.55	13.69	0.4	−44.61	6.44
华大基因	25.36	21.04	3.87	−2.88	25.36	基蛋生物	6.86	40.45	2.5	28.67	6.34
安图生物	19.3	37.82	5.63	25.98	18.65	凯普生物	5.8	21.14	1.14	22.39	5.8
三诺生物	15.51	50.10	3.1	20.34	15.51	艾德生物	4.39	32.89	1.27	34.73	4.38
达安基因	14.79	−4.13	1.02	17.51	13.6	透景生命	3.65	20.46	1.42	11.71	3.64
塞力斯	13.17	43.12	0.94	0.33	13.17	博晖创新	6.22	40.19	0.69	78.73	2.6
贝瑞基因	14.4	22.93	2.68	15.18	12.45	明德生物	1.76	6.82	0.61	−6.22	1.67
万孚生物	16.5	44.05	3.08	46.06	12.01	阳普医疗	5.5	0.06	−1.37	−1325.99	1.33
迈克生物	26.85	36.31	4.45	18.92	9.87	理邦仪器	9.93	17.72	0.93	111.70	1.15

5. 我国检验仪器需要努力的方向

在这么短的时间内，我们取得了国外几十年的成绩，应该说发展势头强劲。努力方向：高档检验仪器的进口替代和原创。检验仪器发展方向如下。

（1）基因芯片技术的应用：通过基因表达的差异进行癌症的分类和诊断。

（2）即时检验技术的临床应用：在病人旁边进行临床检测，不需要固定的检测场所，使用便携式试剂和仪器，由非专业检验人员即时操作。

（3）模块式设计：各模块可独立工作，还能组合构成全自动系统。

（4）全实验室自动化：将众多模块分析系统整合在一起，实现标本处理、传送、分析、数据处理和分析过程的全自动化。

（5）标记免疫分析技术：新标记物的发展和联合应用。

（6）流式细胞技术：监测人体细胞免疫状态。

（7）设计机器人化：标本送入、条码输入、完成检测、数据存储输出到连接网络，由计算机控制的机械手和数据处理分析系统准确无误地完成各项任务，且速度更加快捷。

（8）注重环保：减少污染，提供功效。化学试剂易污染水源，采用干试剂检测，能够减少对水的污染。

总之，自动化、高智能、新设计组合、低成本、低污染是临床实验仪器发展的方向。

四、教学效果

(一)案例开展的意义和价值

避免照本宣科,以近几年的医用检验仪器发展状况统计数据说话,培养学生的辩证思维、创新精神与致力于科研的奋斗精神。

(二)主要成效和特色

从医用检验类仪器概述及其行业研究报告,从思政角度阐述如下问题。

(1)医疗器械行业是一个知识密集、资金密集且多学科交叉的高技术产业,综合了多种学科专业。同其他医疗器械一样,我国的体外诊断检验仪器,尤其是高端产品起步较晚、整体技术水平与发达国家尚有差距,但在部分领域,国产产品已经达到世界水平。我们的任务还很艰巨,要有一定的时间紧迫感。

(2)检验仪器成长初期用了10年时间(2001~2010年),快速发展期用了6年时间(2010~2016年),目前正处于升级取代进口产品的时期(2016年以后)。这说明国内的检验仪器和体外诊断耗材整体水平快速发展。我们有理由相信,我们用20年左右的时间,走过了西方近百年的历程,走的是改革开放、自力更生、艰苦奋斗和不懈努力的历程。我们也有理由相信,检验仪器民族品牌也将有更大的发展,走出更广阔的天地。我们应该有足够的民族自信心和自豪感。

(3)我们清醒地看到,大规模集成电路、高精密加工技术、检验仪器试剂的研发是我们的短板。前进的道路仍然艰辛和曲折,我们莘莘学子应该努力学习,肩负起时代的使命,为我国医疗器械行业的发展、老百姓的健康需求做出自己的贡献。

(4)检验仪器领域还有很大的发展空间,产业发展前景广阔,如基因芯片技术应用、即时检验技术、智能化设计等均是检验仪器发展的方向。

本案例特色体现在:以10多年的教学和工作经验出发,讲解医用检验仪器的发展历史、引导学生正确认识我国医疗器械发展的现状,加强民族自信心和民族自豪感教育,同时引导学生努力学习,勇于肩负时代使命。

案例9　计算机编程语言及互联网企业

一、所属课程

面向对象程序设计

二、教学目的

(一) 课程教学目标

通过"面向对象程序设计"的学习,使学生对计算机编程语言这一领域有较全面的认识,要求学生基本掌握面向对象的语言,尤其是C#语言的编程方法,会用C#完成桌面式应用程序和网站式应用程序的开发。开阔学生的知识面,提高学生适应各种工作的能力,为今后的工作打好基础。

(二) 思政育人

1. 设计思路

通过介绍计算机编程的各种语言,结合我们身边的互联网企业,说明我国互联网行业的快速进步,增进同学民族自豪感和自信心。给学生们树立"只要埋头苦干,中国在西方领先的领域一样可以实现弯道超车"的信心。

2. 思政育人目标

培养学生的爱国精神和民族自豪感。

三、教学实施过程

在教学过程中，向学生提问：中国的互联网和计算机发展在全世界是什么水平？借此问题展开讨论，通过对计算机编程语言和互联网发展的介绍，引出中国在计算机和互联网领域所取得的重大成就。

1. 计算机语言发展简史

计算机语言总的来说分为机器语言、汇编语言、高级语言三大类。而这三种语言也恰恰是计算机语言发展历史的三个阶段。

1946年2月14日，世界上第一台计算机ENAC诞生，使用的是最原始的穿孔卡片。这种卡片上使用的语言是只有专家才能理解的语言，与人类语言差别极大，这种语言就称为机器语言。机器语言是第一代计算机语言。这种语言本质上是计算机能识别的唯一语言，以后的语言就是在这个基础上简化而来。虽然后来发展的语言能让人类直接理解但最终送入计算机的还是这种机器语言。

计算机语言发展到第二代，出现了汇编语言。汇编语言用助记符代替了操作码，用地址符号或标号代替地址码。这样就用符号代替了机器语言的二进制码。汇编语言也称为符号语言。比起机器语言，汇编大大进步了。尽管还是复杂，用起来容易出错，但在计算机语言发展史上是机器语言向更高级的语言进化的桥梁。

当计算机语言发展到第三代时，就进入了"面向人类"的高级语言。高级语言是一种接近于人们使用习惯的程序设计语言。它允许用英文写计算程序，程序中的符号和算式也与日常用的数学式子差不多。高级语言发展于20世纪50年代中叶到70年代，流行的高级语言已经开始固化在计算机内存里了，比如BASIC语言。现在，计算机语言仍然在不断发展，种类也相当多，比如FORTRAN、COBOL、C、C++、C♯、PASCAO、JAVA等。

从计算机语言的发展可以看出，中国并没有在其中发挥作用，其原因就是计算机并不起源于中国。中国虽然在历史上曾经领先过，但是在最近二三百年逐渐落后于西方。此时，通过对历史的回顾引发学生对历史的思考和危机意识。

2. 我国互联网行业的发展

近十年中国互联网呈快速发展趋势，根据《中国互联网发展报告（2021）》（以下简称《报告》）显示，截至2020年年底，中国网民规模为9.89亿人，互联网普及率达到70.4%，移动互联网用户总数超过16亿。另外，我国移动通信总基站已达931万个、数字经济市场规模已达39.2万亿元、工业互联网市场规模达9164.8亿元、物联网市场规模达1.7万亿元、人工智能市场规模达3031亿元、网络安全市场规模达1702亿元、网络教育市场规模达4858亿元。《报告》显示，5G网络用户数超过1.6亿，约占全球5G总用户数的89%；基础电信企业移动网络设施，特别是5G网络建设步伐加快，2020年新增移动通信基站90万个，总数达931万个；工业互联网产业规模达到9164.8亿元；数字经济持续快速增长，信息技术与实体经济加速融合，规模达到39.2万亿元，总量跃居世界第二。

与此同时，中国互联网用户规模快速发展的过程中，用户教育的模式、挖掘用户潜力和价值的手段以及面对如此多用户的技术和管理经验为全球互联网经济的发展提供了借鉴意义。

在 20 世纪甚至是 21 世纪初，全球顶尖科技公司中难以找到中国企业的身影，而我国用近 20 年时间里逐渐孕育出了一批世界一线的互联网企业，如：百度、阿里、腾讯、京东和小米等，并且有 5 家企业的市值进入了全球前十的互联网企业列表中。但相比起美国的互联网企业来说，我国企业主要还是集中在消费、支付、服务、内容等应用层级领域，反观美国互联网企业在平台层、底层技术上有很深的布局，如苹果、Alphabet、Microsoft 开发了 IOS、Android 和 Windows 操作系统分别瓜分了 PC 和移动互联网时代的全部 OS 市场，此外，美国的互联网科技公司在云计算、大数据、AI 以及芯片等平台层、底层技术上也有很深的布局。

互联网企业中以百度、阿里、腾讯为代表纷纷加大对底层技术的研发投入，阿里加大对云计算、芯片领域的布局，目前其云计算业务占中国云计算市场份额超过 40%，在芯片领域亦投资了：耐能（深圳市耐能人工智能有限公司）、深鉴科技（北京深鉴科技有限公司）、寒武纪（中科寒武纪科技股份有限公司）、Barefoot Networks、杭州中天微（杭州中天微系统有限公司），并出资成立了阿里巴巴达摩院、平头哥半导体有限公司等专业芯片研发主体；而百度在 2013 年就成立了百度研究院，且在 2017 年还成立了阿波罗产业联盟，专注于自动驾驶技术的研发和产业化应用，目前已经推出了可实现园区内的 L4 级无人驾驶的"阿波龙"自动驾驶摆渡车和应用在深度学习训练端的专用加速芯片等产品。

由此可见，中国的互联网正在世界互联网占据着一席之地。部分互联网技术和商业模式还领先全球。联系平时生活中京东"618"和天猫"双 11"的例子，在亿级数据量访问的情况下，京东和淘宝的服务器依然能够正常运转，这本身就是技术实力的体现。阿里云的云计算技术专家王坚在 2019 年还被评为中国工程院院士，在互联网企业领域做出了巨大的贡献。这些实例的讲授，培养了学生的爱国热情，促使他们积极投入互联网行业中。

四、教学效果

(一) 案例开展的意义和价值

避免照本宣科，以计算机语言和互联网行业发展史和身边的生活中互联网巨头们的表现为例，培养学生的民族自豪感与爱国主义精神。

(二) 主要成效和特色

(1) 通过本课程的学习，使我更加了解了我国互联网的发展，对于我国在互联网领域取得的成就感到由衷的自豪。但是通过课程的学习，我也意识到中国互联网依然大多数还属于应用模式的创新，对于原创性技术创新并不多，这也是我们这一代人今后努力的方向。（2015 级 陈锡坚）

(2) 我现在就职于一家初创型的互联网企业，这门课可以说给了我对于互联网技术的最初启蒙，通过这门课的学习，使我打开了通往新世界的大门，并选择作为我的职业，受益匪浅。（2016 级 侯杰）

案例10　认知过程中的文化自信

一、所属课程

人机工程学

二、教学目的

(一) 课程教学目标

"人机工程学"是基于对人、机和环境三者关系的深入研究，发现并利用人的行为方式、工作能力、作业限制等特点，通过对工具、机器、系统、任务和环境进行合理设计，以提高生产率、安全性、舒适性和有效性的一门工程技术学科。"人机工程学"涉及的领域包括医疗系统、航空航天领域、城市规划、机械设备、交通工具、服装以及生活用品制造等。因此，"人机工程学"是康复工程专业的一门重要专业基础课，学生只有掌握了本课程的基本知识，才能更好地针对患者进行康复器械的设计与开发。

(二) 思政育人

1. 设计思路

通过珠心算可以扩展人的工作记忆的容量来引出学生对我国传统文化的理解和重视。

2. 思政育人目标

使学生正确理解我国的传统文化，培养他们的文化自信。

三、教学实施过程

1. 人类记忆系统的认知部分

大量的研究证据表明人类存在两种不同类型的记忆存储方式。首先，工作记忆（有时也称为短时记忆），是一个相对短暂的，存储少量有限信息的记忆存储方式，这些信息可以进行复述或者通过其他认知转化后"起作用"。这是一个临时性的存储器，在我们使用它或者直到开始使用它时，信息会一直处于激活状态。例如，我们看电话号码，然后在工作记忆中记住这个号码，一直到我们完成拨号。当我们听后面的词汇时，需要记住句子前一部分的信息，并把这些信息整合成一个整体去理解句子的意思。当我们进行两个两位数的乘法运算时，就需要在工作记忆中"保持"计算过程中的一些运算结果。此外，在头脑中从某个视角建构地图中某个十字路口的情境也是在工作记忆中完成的。工作记忆中保持的信息有两种形式——言语的和空间的。

另一个记忆存储器是长时记忆，它可以存储工作记忆中不再处于激活状态的信息并在将来的某一时间提取这些信息。当个体无法从工作记忆和长时记忆中提取信息时，遗忘就发生了。从概念上将，工作记忆是一个临时保持信息激活的场所，这些信息或者是从环境中知觉到的，或者是从长时记忆中提取出来的。而长时记忆是信息的相对消极（静态）的存储器，信息只有在需要提取的时候才能激活。

2. 工作记忆的容量

工作记忆是人在认知过程中起重要作用的环节之一。多项研究表明人的工作记忆的容量只有 7±2 个组块。

组块是工作记忆空间中的存储单元，通过物理特征和认知特征的结合把组块内的所有项目捆绑在一起。所以，四个不相关的字母 X、F、D、U 组成的一个序列，是由四个组块构成的；四个任意数字 8、4、7、9 组成的序列也是一样；然而，四个字母 DOOR 或者四个数字 2020 就只有一个组块构成，因为它们可以编码为一个有意义的单元。每一个组块也占用工作记忆中的一个"插槽"。因此，我们的工作记忆既可以容纳 7±2 个不相关的字母或者数字，也可以容纳 7±2 个词汇或者熟悉的日期。

那么，是什么把一个项目的很多单元捆绑成一个单独的组块呢？如前面的例子所标明的一样，是基于过去经验的各个单元之间连接或关联的熟悉性把这些单元捆绑成一个单独的组块，因而也与长时记忆有联系。这一操作类似于前面我们讨论的知觉过程的整合。就像一个孩子开始学习阅读，一个词语中几个分离的字母逐渐地被整合为一个单独的组块。相应地，经验丰富的专家能够获得其研究领域相关的熟悉性，如首字母简写词或者缩写词曾经是几个组块（单独的字母），在他们那里则会变成一个单独的组块。

工作记忆中的组块也可以看成是"记忆单元"，但是这种组块也可以是物理意义上的，即这种知觉的组块也可以根据其空间上的隔离来形成。例如，手机号码 13812345678 包括三个物理上的组块。这种物理意义上的组块对记忆也是有帮助的。

即使如此，人类的工作记忆的容量也是十分有限的。面对如此低的容量，研究人员自然会想到一个问题：能不能通过训练提升工作记忆的容量？

一直以来该领域的研究都比较受关注，而且争议也比较大。比如发表于 2012 年和 2013 年的两篇文献 [①Melbylervag M，Hulme C. Is working memory training effective? A meta-analytic review. Developmental Psychology，2013，49（2）：270-291. ②Shipstead Z，Redick T S，Engle R W. Is Working Memory Training Effective. Psychological Bulletin，2012，138（4）：628-654.] 认为工作记忆容量的训练实际上没有多大作用，但是，也有学者认为工作记忆训练能够提升工作记忆容量，比如 2016 年的文献 [Constantinidis C，Klingberg T. The neuroscience of working memory capacity and training. Nature Reviews Neuroscience，2016，17（7），438-449.] 阐述了其神经机制。

3. 用珠心算提升工作记忆的容量

珠算是中华优秀非物质文化遗产，是我国传统的计算方法。虽然学术界对工作记忆容量的训练有争议，但是珠心算可以在很大程度上提高人的工作记忆的容量。国际珠心算大赛冠军王桐晶在《挑战不可能》节目中现场挑战 20 组八位数随机加减计算，每组数字的出现时间仅有 0.12 秒。最终，王桐晶的挑战征服了大众和媒体评审，最终成为《挑战不可能》第三季的"年度挑战王"（图 10-1）。

图 10-1 国际珠心算大赛冠军王桐晶所获得的部分奖牌

王桐晶的实例说明了珠心算在对工作记忆的容量扩展方面的重要作用，也再一次证实了我国传统文化的魅力与博大精深，我们大学生应该正视、理解与传承我国优秀传统文化，并且为之而骄傲。

四、教学效果

(一)案例开展的意义和价值

避免枯燥的理论教学,以实际的案例来说明我国传统文化的内涵与实用性,培养学生的民族自豪感与爱国主义精神。

(二)主要成效和特色

学生们表示不仅能从"人机工程学"这门课中学到各种产品设计的使用方法,更能从实际的案例中感受到我国传统文化的魅力,民族自豪感油然而生。

案例11　科学研究中的工匠与敬业精神

一、所属课程

人体辅助设备控制与信号源

二、教学目标

(一) 课程教学目标

"人体辅助设备控制与信号源"是生物工程类的基础理论和核心内容,是康复工程与假肢矫形工程的专业课程和必修课。本课程系统讲解用于控制康复辅助设备的人体生理信号源的发生机理、信号特点、特征提取和信号处理方法以及用以控制辅助的关键控制方法和国内外发展现状。课程强调把辅助设备的信号源分析和处理与控制方法结合起来,建立系统的辅助设备的控制理论,并将信号处理与自动控制理论相结合,结合实验室设备的研发,建立教研支撑教学、教学服务科研的课程新理念。

(二) 思政育人目标

1. 设计思路

通过对人体生理信号源的心电信号检测发展过程和案例介绍,让学生了解每一项重大技术发现背后科学家的默默耕耘和对科学研究的坚持。

2. 思政育人目标

通过该典型案例的介绍,培养学生对待专业和未来科学研究的钻研和工匠精神,建立基于专业研究的科研情怀,树立起学生的敬业、专业和担当的精神。

3. 育人主题

工匠精神、敬业精神

三、教学实施过程

讲授内容一　现代心电图技术发展

（1）1895 年荷兰生理学家、医学家 Einthoven 命名了心电周期中的 P、Q、R、S、T 各个波群；

（2）1905～1906 年，Einthoven 设计出双极肢体导联Ⅰ、Ⅱ、Ⅲ；

（3）1932 年，Wilson 创设加压单极肢体导联 aVR、aVF、aVL；

（4）1934 年，Wilson 建立胸前单极导联 V1～V6。

讲授内容二　第一台心电图机器的发现

1887 年，英国皇家学会玛丽医院举行了一场具有划时代意义的科学演示：该院生理学教授沃勒在犬和人的心脏上应用毛细管静电计记录心电图。在观摩这次科学演示的全世界著名生理学家中，有荷兰莱顿大学的生理学家威廉·爱因托芬（Willem Einthoven）。演示中，沃勒当场成功记录了人类第一例心电图，该图中只有心室的 V1、V2 波，未能记录到心房 P 波。当时该心电图机器重达 272 千克，占据着 2 个房间，需要 5 个人进行操作（图 11-1）。

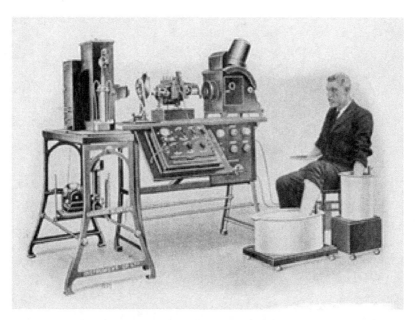

图 11-1　世界上第一台心电图机器

介绍以上内容时不但详细讲述各项心电检测技术的发明者，而且也介绍当时时代背景和相互的影响，从而为深入理解技术发展历史提供丰富的素材。

四、教学效果

(一) 案例开展的意义和价值

避免单纯理论教学的枯燥，以技术发展背后科学家的鲜活事例来说明科学研究的所需要的坚持、钻研和工匠精神，培养了学生良好的职业素养。

(二) 主要成效和特色

通过本课程案例，学生们纷纷表示，通过技术发展背后各阶段科学家们的故事，不但了解每项技术产生的背景、发展脉络，而且在理解技术、掌握技术的同时，感受科学家的敬业、吃苦、钻研和工匠精神。

案例12　软件架构与民族自豪感

一、所属课程

软件设计模式

二、教学目的

(一) 课程教学目标

通过"软件设计模式"的学习，使学生对软件的设计架构有较全面的认识，要求学生了解 23 种软件设计模式和基本的架构设计方法，会用软件设计模式开发符合各种场景的软件系统。开阔了学生的知识面，提高学生适应各种工作的能力，为今后的工作打好基础。

(二) 思政育人

1. 设计思路

通过介绍软件设计架构，结合我们身边的互联网企业实例，说明我国互联网行业在基础架构上的快速进步，增进民族自豪感和自信心。

2. 思政育人目标

培养学生的爱国精神、民族自豪感。

三、教学实施过程

在教学过程中，通过提问学生"你们知道软件架构的重要性吗？"，启发学生对于软件架构的思考。

1. 软件设计模式发展简史

模式起源于建筑业而非软件业，模式之父——美国加利福尼亚大学环境结构中心研究所所长 Christopher Alexander 博士用了约 20 年的时间，对舒适住宅和周边环境进行了大量的调查和资料收集工作，发现人们对舒适住宅和城市环境存在一些共同的认同规律。他在其著作中把这些认同规律归纳为 253 个模式，对每个模式都给出了从用户需求分析到建筑环境结构设计直至经典实例的过程模型（图 12-1）。

图 12-1　Christopher Alexander 博士及其著作

20 世纪 80 年代末，软件工程界开始关注 Christopher Alexander 等在住宅、公共建筑与城市规划领域的重大突破。最早将该模式的思想引入软件工程方法学的是以"四人组（Gang of Four，GoF，分别是 Erich Gamma，Richard Helm，Ralph Johnson 和 John Vlissides）"自称的 4 位著名的软件工程学者（图 12-2），他们于 1994 年归纳发表了 23 种在软件开发中使用频率较高的设计模式，旨在用模式来统一沟通面向对象方法在分析、设计和实现间的鸿沟。

从 1995 年至今，设计模式在软件开发中得以广泛应用，在 Sun 的 Java SE/Java EE 平台和 Microsoft 的 Net 平台中就应用了大量的设计模式，同时诞生了越来越多的与设计模式相关的书籍和网站，设计模式也作为一门独立的课程或作为软件体系结构等课程的核心部分出现在国内外研究生或大学教育的课堂上。

2. 软件架构的发展

（1）单体架构

软件的单体架构比较初级，典型的三级架构：前端（Web/手机端）＋中间业务逻辑层＋数据库层。这是一种典型的 Java Spring mvc 或者 Python Drango 框架的应用。其架构图如图 12-3 所示：

图 12-2　23 种设计模式的发明人——GoF

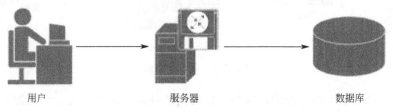

图 12-3　软件单体架构

单体架构的应用比较容易部署、测试，在项目的初期，单体应用可以很好地运行。然而，随着需求的不断增加，越来越多的人加入开发团队，代码库也在飞速地膨胀。慢慢地，单体应用变得越来越臃肿，可维护性、灵活性逐渐降低，维护成本越来越高。下面是单体架构应用的一些缺点。

① 复杂性高：以一个百万行级别的单体应用为例，整个项目包含的模块非常多，模块的边界模糊，依赖关系不清晰，代码质量参差不齐，混乱地堆砌在一起。可想而知整个项目非常复杂。每次修改代码都心惊胆战，甚至添加一个简单的功能，或者修改一个漏洞都会带来隐含的缺陷。

② 技术债务：随着时间推移、需求变更和人员更迭，会逐渐形成应用程序的技术债务，并且越积越多。"不坏不修"，这在软件开发中非常常见，在单体应用中这种思想更甚。已使用的系统设计或代码难以被修改，因为应用程序中其他模块可能会以意料之外的方式使用它。

③ 部署频率低：随着代码的增多，构建和部署的时间也会增加。而在单体应用中，

每次功能的变更或缺陷的修复都会导致需要重新部署整个应用。全量部署的方式耗时长、影响范围大、风险高，这使得单体应用项目上线部署的频率较低。而部署频率低又导致两次发布之间会有大量的功能变更和缺陷修复，出错率比较高。

④ 可靠性差：某个应用漏洞，例如死循环、内存溢出等，可能会导致整个应用的崩溃。

⑤ 扩展能力受限：单体应用只能作为一个整体进行扩展，无法根据业务模块的需要进行伸缩。例如，应用中有的模块是计算密集型的，它需要强劲的 CPU；有的模块则是 IO 密集型的，需要更大的内存。由于这些模块部署在一起，不得不在硬件的选择上做出妥协。

⑥ 阻碍技术创新：单体应用往往使用统一的技术平台或方案解决所有的问题，团队中的每个成员都必须使用相同的开发语言和框架，要想引入新框架或新技术平台会非常困难。

(2) 分布式架构

分布式架构（图 12-4）是单体架构的并发扩展，是将一个大的系统划分为多个业务模块，业务模块分别部署在不同的服务器上，各个业务模块之间通过接口进行数据交互。数据库也大量采用分布式数据库，如 redis、ES、solor 等。通过 LVS/Nginx 代理应用，将用户请求均衡地负载到不同的服务器上。其架构图如图 12-4 所示。

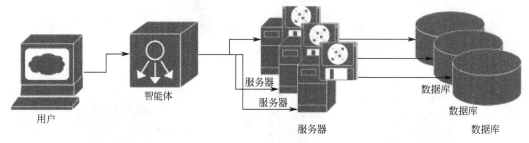

图 12-4 分布式架构

该架构相对于单体架构来说，这种架构提供了负载均衡的能力，大大提高了系统负载能力，解决了网站高并发的需求。另外还有以下特点。

① 降低了耦合度：把模块拆分，使用接口通信，降低模块之间的耦合度。

② 责任清晰：把项目拆分成若干个子项目，不同的团队负责不同的子项目。

③ 扩展方便：增加功能时只需要再增加一个子项目，调用其他系统的接口就可以。

④ 部署方便：可以灵活地进行分布式部署。

⑤ 提高代码的复用性：比如 service 层，如果不采用分布式 rest 服务方式架构，就会在手机 wap 商城、微信商城、pc、android、ios 每个端都要写一个 service 层逻辑，开发量大，难以维护一起升级，这时候就可以采用分布式 rest 服务方式，共用一个 service 层。

缺点：系统之间的交互要使用远程通信，接口开发增大工作量，但是利大于弊。

(3) 微服务架构

微服务架构（图 12-5），主要是中间层分解，将系统拆分成很多小应用（微服务），微服务可以部署在不同的服务器上，也可以部署在相同的服务器不同的容器上。单应用的故障不会影响到其他应用，单应用的负载也不会影响到其他应用，其代表框架有 Spring cloud、Dubbo 等。其架构图如图 12-5 所示。

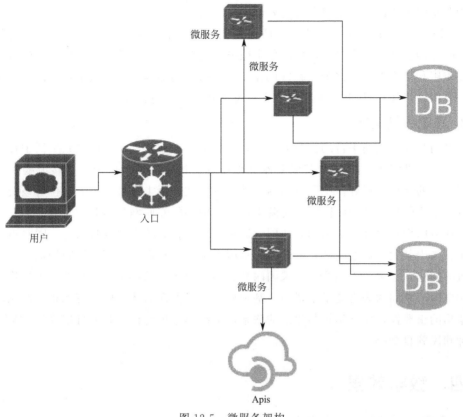

图 12-5　微服务架构

此种结构的优点有以下方面。

① 易于开发和维护：一个微服务只会关注一个特定的业务功能，所以它业务清晰、代码量较少。开发和维护单个微服务相对简单。而整个应用是由若干个微服务构建而成的，所以整个应用也会被维持在一个可控状态。

② 单个微服务启动较快：单个微服务代码量较少，所以启动会比较快。

③ 局部修改容易部署：单体应用只要有修改，就得重新部署整个应用，微服务解决了这样的问题。一般来说，对某个微服务进行修改，只需要重新部署这个服务即可。

④ 技术栈不受限：在微服务架构中，可以结合项目业务及团队的特点，合理地选择技术栈。例如某些服务可使用关系型数据库 MySQL；某些微服务有图形计算的需求，可以使用 Neo4j；甚至可根据需要，部分微服务使用 Java 开发，部分微服务使用 Node.js 开发。

微服务虽然有很多吸引人的地方，但它并不是免费的午餐，使用它是有代价的。使用微服务架构面临的挑战如下。

① 运营维护要求较高：更多的服务意味着更多的运营维护投入。在单体架构中，只需要保证一个应用的正常运行。而在微服务中，需要保证几十甚至几百个服务的正常运行与协作，这给运营维护带来了很大的挑战。

② 分布式固有的复杂性：使用微服务构建的是分布式系统。对于一个分布式系统，系统容错、网络延迟、分布式事务等都会带来巨大的挑战。

③ 接口调整成本高：微服务之间通过接口进行通信。如果修改某一个微服务的 API，

可能所有使用了该接口的微服务都需要做调整。

④ 重复劳动：很多服务可能都会使用到相同的功能，而这个功能并没有达到分解为一个微服务的程度，这个时候，可能各个服务都会开发这一功能，从而导致代码重复。尽管可以使用共享库来解决这个问题（例如可以将这个功能封装成公共组件，需要该功能的微服务引用该组件），但共享库在多语言环境下就不一定行得通了。

3. 思政思维拓展

以国内某大型电商平台的云服务为例，讲解架构的重要性，可以联系生活中在"618"和"双11"的购物狂欢节中，其服务器从来没有宕机，各种功能依然运转流畅，这完全归功于其云的架构做得好。中国目前的云计算技术在国际上还处于领先地位，该公司云服务的首席架构师也被评为中国工程院院士，说明中国的互联网虽然起步较晚，但是发展较快，同样可以设计出优秀的架构，使同学们树立民族自豪感和民族自信心。同时再举相反的例子，国内某大型购票网站，一开始就是因为架构没有做好，高峰期间群众买票总是出现宕机的问题，根本买不到票。后来国内某大型云服务团队接手后，重新做了架构，现在其在购票峰值期间的表现还是不错的，基本可以满足群众需要。两个案例相互对比，告诉学生架构的重要性，建立架构与生活的联系，提高学生思想认识，而且培养学生学以致用的精神和民族自豪感。

四、教学效果

(一) 案例开展的意义和价值

避免照本宣科，以软件架构行业发展史和身边的生活中互联网巨头们的表现为例，培养学生的民族自豪感与爱国主义精神。

(二) 主要成效和特色

学生毕业后，有近一半以上的人投身于互联网行业中，为这个行业注入了新鲜的血液。

(1) 通过这门课的学习，我了解到软件架构的发展以及一个好的软件架构的重要性。以前觉得软件架构是一件很难、很神秘的事情，现在觉得软件架构并不是想象的那么难，只要肯于钻研，还是可以设计出出色的架构的。(2017级 唐明敏)

(2) 我现在就职于一家医疗互联网公司，从事的是医疗软件的设计与研发。我从"软件设计模式"这门课中学到了设计模式的重要性，为我现如今的软件设计工作打下了坚实的基础。(2016级 宋泽华)

案例13　投身国产医疗设备的使命感教育

一、所属课程

放射测量与防护

二、教学目的

(一)课程教学目标

本课程要求学生了解射线与物质作用的机理，了解基本的核电子学相关电路，组合各部分电路能进行核辐射信息的探测、分析和处理，并按照要求得出结果，了解国家的法规、标准，掌握辐射防护的方法。

(二)思政育人

1. 设计思路

通过讲解放射测量设备的发展和我国放射测量设备的发展现状，激发学生们复兴国产医疗器械设备的使命感和参与热情，使他们产生为我国放射测量设备进步而努力的信念。

2. 思政育人目标

培养学生牢固树立起为国产放射测量设备的发展而奋斗的伟大理想和坚定信念。积极投身于医疗器械和核医学仪器行业，为我国医疗器械的发展做出贡献。

三、教学实施过程

1. 全球医疗器械行业现状

根据全球医疗器械市场分布来看,医疗器械行业主要有以下几个特点。

(1) 市场规模大。2017年全球市场规模为4050亿美元,2018年为4278亿美元,2019年为4519亿美元,年均增长率为5.6%。2020年全球医疗器械市场规模为4935亿美元,同比增长8.96%,市场规模持续扩大。

(2) 增长速度快。2017年同比增长4.6%,预计2017~2024年间复合增长率5.6%。

(3) 市场集中度高。从区域分布来看,北美第一,占全球43%,欧洲第二,占全球30%,亚洲仅占10%。

(4) 产业集中度高。从全球医疗器械公司前20名来看,美国有13家,占65%;欧洲有6家,占30%;亚洲仅1家,占5%。

2. 我国医疗器械行业现状

我国医疗器械产业起步晚、发展时间短、基础薄弱,企业普遍规模较小,但是发展速度快、产值提升高、发展空间巨大。

(1) 国产设备市场保有率低。截至2019年,我国医疗设备在国内市场保有率非常低,CT类国产设备的市场保有率为11%左右,MRI类国产设备保有率在17%左右,超声类国产设备的市场保有率在13%左右;保有率较高的也有,如供应室及手术室消毒类国产设备市场保有率76%左右,电刀超声刀等国产设备市场保有率24%左右。

到2020年,各项保有率虽有所上升,但由于相关基础学科和制造工艺的落后,我国医疗器械仍集中在中低端品种,高端医疗器械主要依赖进口。国外企业由于其技术优势以及"设备+试剂"的封闭系统策略,依然占据着国内大部分医疗器械的中高端市场。

(2) 产业集中化进程加快。近年来,中国医疗器械市场容量保持高速增长,随着医疗器械各细分领域的快速发展,上市企业的数量不断增加,上市企业的营收占比逐渐加大,企业并购成为实现企业业务增长的重要方式。现已呈现东部沿海地带集中化发展的趋势,形成了浙江腔镜集散地,江苏一次性耗材和骨科生产基地,湖北激光、病理设备、医用纺织品生产基地,河南卫生材料生产基地等规模化、产业化的格局。

(3) 细分领域市场份额不断上升。从全球医疗器械各细分领域销售额来看,排名前3位的分别是IVD、心血管、影像。而我国医疗器械各细分领域销售额排名最高的是低端医疗设备,其次是高值医用耗材、IVD。目前,IVD方面生化、分子及定性免疫诊断已基本完成国产替代,但高附加值的免疫类监测替代率仍然较低,高值耗材方面心脏支架已实现进口替代,但人工关节的高值耗材仍被进口垄断。同国际市场相比,国内IVD、高值耗材市场份额所占比重还较低,人均消费额与发达国家还有较大差距,增长空间巨大。

(4) 我国医疗器械行业发展趋势。目前,我国经济社会保持高速发展,城镇化进程不断加快,人口老龄化不断加剧,医疗保险覆盖率不断提高,慢性病发病率不断升高,医疗服务需求不断释放,医疗器械国产化不断加深,诸多因素推动医疗器械行业蓬勃发展,市场成长空间巨大。

3. 我国医疗器械行业面临的问题

虽然我国医疗器械行业市场巨大，市场前景也非常乐观，且我国出台了相关政策支持，但医疗器械行业发展仍面临着许多问题。

（1）行业准入困难，高端人才匮乏。医疗器械制造工艺复杂，对设备精度要求高，对生产环境要求严，加之国家对医用设备和医用耗材政策环境的严格把控，这极大程度上增加了医疗器械行业的准入难度。医疗器械企业的核心技术人员需具备跨专业、跨学科的综合知识，以及多年的行业从业经验，而我国这方面的高端人才还相当短缺。

（2）研发投入占比不高，中高端市场国产占有率低。医疗器械行业属于技术密集型行业，研发投入是公司长远发展的保证。Wind、众成医械研究院数据显示，我国医疗器械上市公司研发占收入比重平均在6%左右。而国外医疗器械企业，研发预算投入为收入的15%左右。对于技术含量较高的设备以及大型设备，国产品牌还远远不及国外品牌。

（3）产业链短板突出，上游竞争力不足。从医疗器械产业链及细分领域来看，上游行业为医疗器械零部件供应、医用原材料、加工商以及第三方服务等，其中医用原材料代表企业，如3M、杜邦、帝斯曼、索尔维等，在医疗器械生产企业的采购体系中，我国上游供应商与国外供应商之间还存在较大差距，在与生产企业的交易中往往处于相对弱势的地位。

4. 未来国产医疗器械设备需要努力的方向

推进高端医疗设备和关键核心部件等自主研发制造，打破进口垄断，重点从以下几个方向进行研发。

（1）医学影像类　重点研发新型数字X射线成像系统、新型超声成像系统、计算机断层成像系统（CT）、新型超导磁共振成像系统、核医学成像系统、多模态分子光学影像系统等。

（2）体外诊断类　重点研发智能化现场快速检测系统、新型分子诊断系统、医用多模态流式细胞仪等。

（3）先进治疗类　重点研发智能感知交互手术机器人、复合引导放射治疗系统、植入式有源治疗装置、血液净化与透析机及耗材。

（4）生物医用材料类　重点研发骨科修复与植入材料及器械、口腔种植修复材料与系统、新型心脑血管植介入器械、中枢神经修复与再生材料。

（5）健康器械类　重点研发健康感知产品、康复护理产品、中医医疗器械。

四、教学效果

(一) 案例开展的意义和价值

出于国际制造业重心转移和接近市场等目的，发达国家把医疗器械制造业转到了中国，但是重要的设备和核心技术并没有向中国开放。中国医疗器械行业起步较晚，由于社会经济发展总体差距带来的行业差距，以及专业人才的缺乏，我国产业技术方面发展受到了限制，核心竞争力有待提高。因此，作为医疗器械专业学生，有责任努力学习，为攻克高端医疗设备的研发而贡献力量。

(二)主要成效和特色

经过多年发展的中国医疗器械市场已初具规模，医疗器械行业生产总值和销售额保持稳定增长，但面对国外医疗企业大幅度的减税冲击和国内众多企业良莠不齐的现状，行业整合及并购重组仍是必然趋势。必须通过研发投入、创新技术改革等途径，加快"国产化"进程，提高市场集中度，使产品向多元化、智能化和国际化发展，从而缩小与外资医疗器械企业的差距。在课程思政中为学生讲解国内外医疗设备的发展对比和未来趋势，有利于激发更多年青一代投身医疗器械研发，增强民族自信心和使命感。

案例14 爱国思想与创新精神教育

一、所属课程

放射线治疗设备

二、教学目的

(一)课程教学目标

(1) 知识　掌握放射治疗的物理学原理、常见放射治疗设备硬件结构及临床应用技术等。

(2) 能力　基于本课程的学习,培养学生分析和解决具体成像问题的能力;针对医学应用注重融合本学科的新发展、新动态,培养学生运用新知识、新技术解决实际问题的能力。

(3) 素质　培养创新能力,能结合现代医疗科学的新技术、新动态应用各类新型的放射治疗设备。

(二)思政育人

1. 设计思路

放射治疗设备是伴随着放射线的发现与应用研究而逐步发展起来的现代医学治疗装备。医用电子直线加速器是放疗领域的主流产品,是放疗的核心设备。可提供该设备的国外公司主要有:美国瓦里安公司(Varian)、瑞典医科达公司(Elekta)、德国西门子公司(Siemens)。学生对该领域国内公司并不熟悉。在此基础上,重点讲授我国医用电子直线加速器的发展及技术优势。

2. 思政育人目标

培养学生的爱国精神、民族自豪感；培养学生的科学思想与创新精神，激励学生认真学习，努力奋斗，为我国医疗设备发展添砖加瓦。

三、教学实施过程

1. 我国放射治疗设备发展史

中国的放射治疗开始于 20 世纪 30 年代。当时，只有北京协和医院和上海比镭医院可以开展放射治疗技术。最初是以 200mg 的镭管和镭针为辐射源，通过手工操作进行组织间插值或腔内近距离放射治疗。

1932 年，北京协和医院引进了 120kV 和 200kV 的 X 射线治疗机各一台。20 世纪 40 年代，北京大学医学院组成了放疗科。1949 年，以上海比镭医院为基础成立了上海肿瘤医院。1958 年，成立了中国医学科学院肿瘤医院。之后，直至 20 世纪 70 年代末，各省市也相继成立了专业肿瘤医院。这是以放射性核素或千伏级 X 射线治疗机为主要辐射源的放射治疗时代。

1975 年，国内引进了第一台医用电子直线加速器，标志着我国的放射治疗设备开始了以医用加速器为主要放射源的放射治疗设备阶段。

2. 我国医用电子加速器的生产企业

20 世纪 70 年代末，中国成立了以医用电子直线加速器研究制造为目标的"北京医疗器械研究所"，开创了我国医用加速器研制生产的新阶段。

20 世纪 90 年代，我国的医疗卫生事业得到了突飞猛进的发展，先后从国外引进大量的先进医疗装备，其中包括各类 CT、MRI 等高端医学诊断设备和医用电子直线加速器等 MV 级高端放射治疗设备，使我国的医疗装备逐渐接近并赶上发达国家水平。

目前，从高端医疗装备水平上来说，特别是从医用电子直线加速器的引进档次与引进时间上来看，可以说已经与发达国家达到了同步发展的速度。目前，国内可以提供医用电子直线加速器的企业主要有山东省淄博市的新华医疗器械公司、江苏省扬州市的海明医疗器械公司、辽宁省沈阳市的东软医疗系统有限公司、上海联影医疗科技有限公司。

实例 1：东软医疗 NMSR600

（1）产品信息

NMSR600 系东软医疗在 2010 年面向医用治疗领域推出的一款肿瘤治疗设备，见图 14-1。

（2）特点

① 稳定快捷的剂量率输出，确保医治过程安全、平稳；

② 全程数字化的高精度控制技术，确保治疗过程准确、有效；

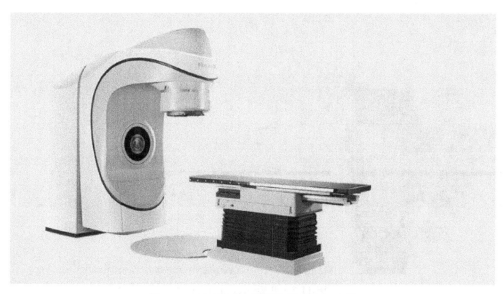

图 14-1　NMSR600 医用电子直线加速器

③ 全球化的集优部件采购，确保整个系统的运转稳定、安全。

（3）技术参数

① 优化的整机结构，轻便灵巧，方便运输安装，运行安全、稳定、可靠；

② 6MV 单光子射束，最大输出剂量率不小于 300cGy/min，多挡可调；

③ 机架和准直器及治疗床的旋转精度 ±0.5deg；

④ 稳定和可信赖的静态和弧形射束治疗方式；

⑤ 完备的多级安全控制联锁，确保人员安全和设备正常运行；

⑥ 创新智能化的多页面治疗信息显示，安全高效的半自动和全自动操作控制方法；

⑦ 独立的双通道电离室联锁设计及平坦度的实时响应，确保剂量测量的安全性及准确性；

⑧ 等中心精度达到 ±1mm，且等中心高度低至 1300mm，达到业内机房高度空间；

⑨ 先进的伺服控制系统保证系统每一步机械运动的精准到位；

⑩ 绝对编码器组成的高精度数字化位置检测系统，为精确放疗提供了控制上的基础；

⑪ 先进的数据库网络结构，方便患者治疗数据信息的查询、打印、存档；

⑫ 全面优化的微波系统，降低损耗，提高工作效率及稳定性的同时，实现剂量率达峰时间 1s 以内。

实例 2：联影 uRT-linac 506c

（1）产品信息

uRT-linac 506c 系联影首创 CT 与直线加速器一体化跨界融合，可实现同机模拟同机治疗，见图 14-2。

（2）特点

① 一体化 CT-linac 完美融合，CT-IGRT 高系统精度，专利治疗床下沉自动精准校

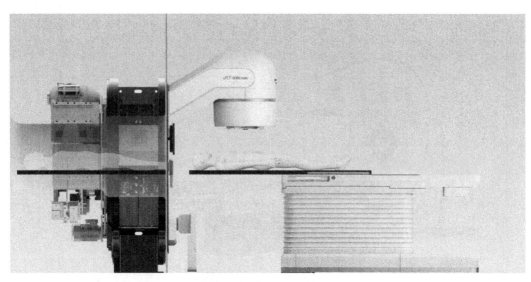

图 14-2 联影 uRT-linac 506c

正，有效提升放疗效率，重新定义精准放疗。

② 一站式融合放疗全流程，实现精准、高效、便捷操作体验。小于 2min 完成 CT 影像引导及摆位校正全流程，小于 1min 完成一个 uARC™ 动态旋转调强计划的实施，小于 1min 完成金标准蒙卡剂量计算。

③ 搭载优迹全局轨迹规划算法优化运动控制和连续性，有效保障动态、静态旋转调强放疗优弧 TMuARC 与 FlashArc，动态、静态固定野旋转调强，三维适形，呼吸门控放疗，非共面照射，CT 引导 ART 等高端放疗应用，全面满足临床需求。

④ 诊断级 CT 实现超高空间分辨率与超低密度分辨率，清晰辨别软组织与危及器官的相对位置关系，精确配准治疗靶区，实现从雾里看花到精准狙击的跨越式体验，重新定义精准放疗。

⑤ 在线自适应放疗流程：CT-IGRT→自动勾画→智能配准→蒙卡计算→自动计划→新计划执行，工作效率提升 10 倍。

⑥ AI 赋能自动勾画，0.3s 自动完成非小细胞肺癌 GTV 勾画。相较于熟练手工勾画，联影 AI 自动勾画效率提升 450 倍，可助力快速完成放疗计划，并提供用户自有数据训练服务。

⑦ 整机高速全数字化实时控制设计，各系统平台高度融合，共享数据库，亚毫米级运动控制精度，用设计创造安全、舒适、精准、高效的放疗体验。

⑧ 独创优迹擎全局轨迹规划，虚拟三维碰撞预警。搭载红外激光感应器，实时监测治疗头与患者间预设安全距离，智能预警安全碰撞。46.7cm 超大摆位空间。

（3）应用举例：在线自适应在口咽癌中的应用

第 15 分次，肿瘤显著缩小，按原计划执行靶区适形性差，危及器官脊髓、腮腺等明显受量超标；改按在线自适应计划执行，靶区照射更准确，脊髓最大剂量下降 2Gy。

3. 任重道远，挑战与机遇

虽然国内医用电子直线加速器等高端医疗装备的发展很快，但与国外技术相比还有差距，这对我国医用电子直线加速器等高端医疗设备的研究与制造领域来讲，既是挑战，也是机遇。

四、教学效果

(一) 案例开展的意义和价值

避免照本宣科，以医用电子直线加速器设备发展史和身边企业的故事感动学生，培养学生的民族自豪感与爱国主义精神。

(二) 主要成效和特色

学生对我国医用电子加速器的生产企业及其产品设计思想有了全面深入的了解，有助于学生把握我国放疗行业的发展方向，认识到掌握核心技术对行业发展的重要性，树立为我国医疗设备发展添砖加瓦的决心。

案例15 工匠精神与责任使命感

一、所属课程

假肢矫形器学

二、教学目的

(一)课程教学目标

通过本课程的学习,使学生初步了解各种截肢原因、截肢类型、截肢注意事项,肢平面选择的基本原则,掌握人体上肢假肢、下肢假肢、矫形器等人体体外代偿与矫正器械的工程基础与技术方法,一般假肢与矫形器的分类方法,各类常见的假肢介绍,各类矫形器的矫正原理、注意事项,人体生物力学的基础知识及各类假肢矫形器和辅助用具在临床中的运用。培养德、智、体、美、劳全面发展,医工结合、机电结合、兼容管理并具有实践动手能力的康复工程技术高级专门人才。该专业方向毕业生既适应现代假肢矫形技术临床的需要,又能从事康复器械专业领域的技术、营销和管理工作。

(二)思政育人

1. 设计思路

通过截肢和其他致残原因分析,掌握假肢矫形器的分类方法与基本工作原理,在实践教学环节,通过假肢接受腔与矫形器制作,培养学生的工匠精神;通过患者案例讲解以及截瘫行走支具穿戴,体验瘫痪人群的日常行动,增强学生责任使命感,培养学生尊重生命、热爱生命的意识。

2. 思政育人目标

培养学生的工匠精神、责任使命感，让学生尊重生命、热爱生命。

三、教学实施过程

1. 理论教学

截肢原因主要分为：周围血管坏死；糖尿病；外部损伤；严重感染；肿瘤；骨骼畸形；先天性肢体发育异常。截肢手术的确会造成某些生理缺陷，使患者丧失一定的生理功能，但从康复的角度来说，截肢不仅仅是破坏性的手术，它同时又是一种建设性的手术。通过对截肢的重新定义，改变学生对截肢的传统看法，截肢是手术的结束，也是康复的开始。通过截肢了解假肢的分类方法和基本工作原理。通过理论讲解介绍矫形器的概念、命名与分类。矫形器相对假肢而言，种类更多，但是其基本功能不会脱离稳定与支撑、固定和保护、预防和矫正畸形、减轻轴向承重、改进功能以及产生动力功能这六点，体现了矫形器共性与个性的有机统一。

2. 实践教学

实践教学分为假肢矫形器和假肢接受腔两个实践教学模块，邀请国际著名假肢矫形公司——德国奥托博克资深假肢矫形技师为学生提供实践指导。每次进行实践操作之前，先讲解实验室安全操作规范，强化安全意识。在假肢矫形器实践教学中，两两学生之间互为医患，以完成一个踝足矫形器（图15-1）为目标，熟练掌握从接待-问诊-取型-修型-成型-装配整套流程，结合理论知识讲解，要求学生在矫形器实践教学结束时能达到四级矫形器师水平。假肢接受腔实践教学活动中，将会邀请一名大腿截肢患者作为模特，学生们在老师指导下，熟练掌握大腿假肢接受腔（图15-2）的取型-修型-成型-装配-对线过程。

通过这两次的实践教学活动，在巩固理论知识的同时又将理论知识的内容运用于实

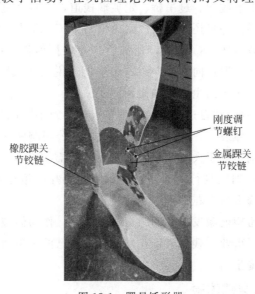

图 15-1 踝足矫形器

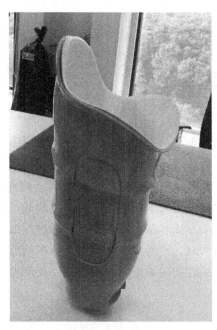

图 15-2 假肢接受腔

践,在实际操作过程中感悟工匠精神。

3. 患者实例

实例 1:王某,20 多年前由于一辆拉碎石的卡车倾倒,导致他在这次车祸中失去了两条大腿。在一次偶然的机会中,遇到我国台湾德林义肢康复器材(成都)有限公司总经理,给与最大优惠为其配备了大腿假肢,并让他留在公司从事假肢售后维修服务工作至今。多年穿戴假肢以及售后维修经验,让他在大多数情况下和正常人无异,曾在公司团建活动中仅凭一根拐杖就上下楼梯、过吊桥、走玻璃栈道,平日在逛商场的时候也基本都是走扶梯而不是无障碍电梯,并且还通过正规渠道取得了 C5 机动车驾驶证。每当公司有双大腿截肢患者来适配假肢(图 15-3)时,他都会主动教授他们一些走路技巧以及如何在跌倒的情况下自己站起来。通过向学生介绍这个案例,说明假肢矫形工程专业的重要性,依靠专业技能,能让残障人士的生活更加便利。

实例 2:某女童,4 岁,独自过马路时发生车祸,导致小腿截肢(图 15-4)。

儿童截肢患者随着身体发育,每年至少需要到假肢公司跑两次,调整假肢长度,接受腔也需要时常更换,特别是对于大腿截肢的儿童患者,需要在 13 岁左右将儿童膝关节更换为成人膝关节。由于我国康复行业起步晚,相应的医疗政策也有所欠缺,长年累月下来,在假肢的配备和维修上将会花很大一笔钱。

通过这两个事例,希望能激发学生们的责任使命感,作为假肢矫形工程专业学生,有责任、有义务为我国康复事业、残疾人事业发展贡献自己的一份力量。同时,也希望所有人要懂得尊重生命、热爱生命。

4. 截瘫行走支具穿戴体验

上海理工大学康复工程技术研究所研制了一款具有检测、驱动功能的截瘫行走支具,

案例 15　工匠精神与责任使命感

图 15-3　案例 1 适配假肢

图 15-4　案例 2 儿童截肢患者

通过髋关节处的电机驱动，智能手杖检测人体行走状况，能够良好地帮助下肢功能障碍人实现行走功能。学生通过角色代入，把自己想象成有下肢运动功能障碍的患者（图 15-5），并通过这款截瘫行走支具辅助行走，可以感受患者在穿戴辅具时的心情，建立医疗器械研发人员、医护人员与患者之间沟通的桥梁，让学生明确自己的学习目标，进一步增强自身的责任使命感。

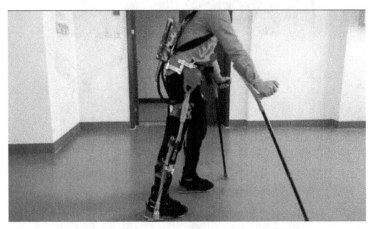

图 15-5　体验穿戴支具

四、教学效果

通过理论教学与实践教学，培养了学生的工匠精神，潜移默化地影响学生，通过个别案例分析以及自身体会，强化责任使命感，培养学生尊重生命、热爱生命的意识。

案例16　医疗器械设计中的钻研精神

一、所属课程

医用检验仪器

二、教学目的

(一) 课程教学目标

通过对血液组成的讲解，了解血液中血细胞的组成，包括红细胞、白细胞、血小板等三个大类。了解这些细胞的基本理化特性，掌握血细胞的电学特性，血细胞是电的不良导体这一基本的物理学特性，重点要掌握血细胞分析的基本原理——变阻脉冲原理，掌握仪器组成及血细胞分类和计数的基本技术原理。

(二) 思政育人

1. 设计思路

以血细胞计数仪发明过程的讲解为切入点，启发学生创新思维模式，检验仪器主要是对人体采集的各种标本进行测量的仪器体系，要对人体内采集的标本进行检测，首先要了解这些生物样本的理化特点，在此基础上结合所学基础知识，研究如何对这些样本进行检测，所以需要学生扎扎实实学习基础知识，吃苦耐劳，不断钻研。

2. 思政育人目标

培养学生吃苦耐劳、不断钻研的科学精神。

三、教学实施过程

1. 血液和血细胞及其功能介绍

首先对血液组成、血细胞的种类和各种血细胞的功能及在人体中的正常数值范围给出具体的介绍。充分说明血细胞计数在临床检查中的重要价值和临床意义。

2. 引入血细胞计数的概念

在介绍血液、血细胞组成等内容基础上，采用临床使用的血液常规检测的报告单引入血细胞计数的基本概念。血细胞计数是指计数单位容积内的各种红细胞、白细胞和血小板的数量。有了这个概念后，提出一个问题，如何对如此小的颗粒物进行分类和计数呢？通过问题引导，启发学生联想思维和知识融会贯通能力。通过与学生的交流，有些学生认为要眼见为实，必须要看到细胞，并根据前面提到的细胞形态特征来分类和计数各种细胞。在这样的概念引导下，引出显微镜这个伟大的发明，显微镜将人类的视野从宏观引入到了微观，可以看到细胞，并创建了细胞学说。但是看到和一起看成千上万个，并能分类计数，又不是一回事儿了，逐步引导学生广泛地思考解决方案。有学生也会说："这么大量的细胞，怎么在显微镜下数得过来呢？我数到100～200可能就眼花了，看不清细胞了，更不要说再去分类了。"继续引导学生思考，怎么去解决这个问题？检测，一定要根据被检测物质的物理学、化学或生物化学等的特性以及变化规律，通过这些理化特性的了解，在物理学手段、化学手段或者生物化学手段下实现检测功能。

3. 血细胞计数仪的工作原理

根据血细胞的物理学特性，血细胞具有不良导电性的特点，科学前辈们提出来了一种变阻脉冲的测量原理。

在这个领域首开先河的是1912年出生在美国阿肯色州一个小城的人Wallance H. Coulter。他年轻时对电子学非常感兴趣，最初是一位广播电台的电器工程师，后来做过X光机的销售员和维修工程师，在亚洲许多国家包括我国的上海工作过。1948年他在芝加哥一家公司工作时，在一间地下室建立了自己的实验室，开始从事自己的实验研究。这项实验导致了一个重大的发明，他发现了微小粒子通过特殊的小孔时可产生电阻变化这一现象，并根据这种电阻变化特点将其应用于微小粒子的粒度测量和计数上。科技界为表彰他的发明，将其称为库尔特原理（Coulter principle）。根据这个原理，Coulter先生将其引入到血液细胞计数上，在1953年获得美国发明专利，同年和他的兄弟约瑟夫（Joseph）开创了自己的公司，并成功设计和制造出了可以计数血细胞的专用仪器（图16-1），开始了在这一领域的商业运作。这种仪器看起来非常原始和简单，好像一个示波器另加一些管道、电极和瓶瓶罐罐（图16-1）。它的计数原理是根据血细胞的不良导电性和产生电阻抗原理来计数血液中的细胞，也就是电阻式血细胞计数原理，这种原理现在已经成为血细胞计数和分析中最为经典的原理。

4. 结合Coulter血细胞计数仪的发明，点出创新精神的重要性

科学是技术进步的理论基础，科学进步转化为技术需要一定的时间，多则百年，少则

图 16-1　Coulter 发明的血细胞计数仪

数年。技术的进步又可以推动科学的发展。科学和技术的进步是相互推动的。血细胞的不良导电性是科学总结，这个科学要向技术转化，其间也需要优秀的科技工作者在学术上的融会贯通，不断地实验。不但要克服实验失败的沮丧，还要克服实验条件的艰苦。上海理工大学前辈华泽钊教授曾说从最初的一个念头发展到一种新产品，其间过程是非常艰难的，要发挥众人的聪明才干才能实现。最初的念头是创新精神开端，也就是创新意识。从血细胞计数仪的发明人 Coulter 的人生历程看，只有熟练掌握一个学科方向的基础知识，才可能融会贯通到其它学科的应用中去，再通过不断地探索和孜孜不倦地钻研，把创新意识中的一个闪光点逐渐转化、发展为一种新产品。

四、教学效果

以著名科学家发明血细胞计数仪的故事感染学生，提高学生学习兴趣，培养学生钻研精神。教育学生在课余应该有求真务实的学习精神和对新鲜事物的兴趣，科学与兴趣相互促进。通过学生感兴趣的方式，自然地达到润物细无声的思政育人效果。

通过问题引导，让学生在课堂上有充足的思考空间，跟着问题逐步引入到课程的核心知识点，使学生能主动参与课程教学过程，收集本课程相关的科学基础知识与技术手段。这样不但能调动学生学习的兴趣，也能提高学生的创新思维能力。同时，避免了照本宣科，极大地提升了学生的主动性。

通过核心知识点发明人介绍及其发明过程的介绍，让学生们从枯燥的氛围里解脱出来，沉浸在故事性情节的分享中。专业认同感和钻研精神得到了充分的培养。

案例17　科研创新与爱国

一、所属课程

有源医疗设备检测与评价

二、教学目的

(一)课程教学目标

通过课程教学与思政教学的相互渗透、交叉融合，为国家和社会提供政治素质过硬的专业优秀人才。本课程是一门专业技术课，通过这门课程的学习，用于解决呼吸机、麻醉机等有源设备使用与检测中的实际问题。本课程的主要任务是使学生掌握超声诊断仪、血液净化设备、呼吸机、麻醉机、高频手术设备的主要组成、工作原理、应用场合及相应的专用标准，掌握各种仪器的基本参数检测，以及这些设备在检测中主要碰到的重点与难点，并在此基础上扩展到其他相似的设备。在教学过程中培养学生创新精神、敬业精神。通过增加相应检测仪器的设计与开发技巧，开阔学生的知识面，提高学生适应各种工作的能力。

(二)思政育人

1. 设计思路

通过介绍国有有源医疗器械的创新发展史，促进学生参与医疗检测仪整体设计，提高开发能力，培养学生的创新精神，开发自主知识产权的仪器，从而培养学生的爱国主义精神。

2. 思政育人目标

培养学生的辩证思维，提升学生的创新精神及爱国精神。

三、教学实施过程

1. 仪器的检测原理理论教学——强调民族自主产品的开发，激发学生的爱国主义精神

通过介绍 B 超诊断仪、呼吸机、麻醉机、血液透析机等仪器的原理，深入分析各个部分的功能，介绍检测参数指标和检测内容。引入迈瑞公司的介绍，加深学生对民族自主产品的认识。

图 17-1、图 17-2 为迈瑞公司自主开发的 B 超诊断仪、麻醉机。

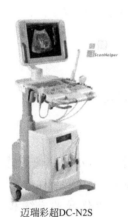

迈瑞彩超DC-N2S
彩色多普勒超声系统

图 17-1　迈瑞公司自主开发的 B 超诊断仪

WATO EX-35
迈瑞麻醉机

图 17-2　迈瑞公司自主开发的麻醉机

迈瑞公司作为中国领先的高科技医疗设备研发商，同时也是全球医疗设备的创新领导者之一。自 1991 年成立以来，迈瑞公司始终致力于临床医疗设备的研发和制造，产品涵盖生命信息与支持、临床检验及试剂、数字超声、放射影像四大领域，将性能与价格完美平衡的医疗电子产品带到世界每一角落。时至今日，迈瑞公司在全球范围内的销售已扩展至 190 多个国家和地区。迈瑞公司总部位于中国深圳，同时在深圳、北京、南京、美国西雅图、新泽西、瑞典斯德哥尔摩设立有研发中心，在中国 29 个主要城市设立了分公司，在美国、加拿大、英国、荷兰、德国、法国、意大利、俄罗斯、土耳其、印度、印度尼西亚、墨西哥、巴西设立了海外子公司，在世界各地形成强大的分销和服务网络。在迈瑞，近 30% 的员工服务于研发系统，从事各种与临床应用相关的产品研究。迈瑞公司坚持每年将约 10% 的营业额投入到支持产品创新研发，并建立了与国际一流水准同步的研发管理平台。迈瑞拥有符合 CE、FDA 标准和 ISO 体系的研发管理流程，由专家委员会对开发过程进行控制和管理，在所有产品开发过程中按照相关的国际标准进行设计，并开展全面的专项试验（包括电磁兼容 EMC，安全，环境等）验证，使得产品安全性、可靠性得到

充分保障。2002年12月，科技部"国家医用诊断仪器工程技术研究中心"在迈瑞公司成功组建。经过3年组建运行，2006年经国家科技部评审正式挂牌成立。迈瑞公司以一种全新的机制来引领和提升国内医疗设备行业的技术研发进程。着眼于全球技术最前沿，1992年以来，迈瑞公司相继推出70余项新产品，拥有全部自主知识产权及960余项专利技术，填补国内科研、开发的空白，创造了多项中国"第一"。

  1992年 中国第一台血氧饱和度监护仪
  1993年 中国第一台多参数监护仪
  1994年 中国第一套中心监护系统
  1998年 中国第一台便携式多参数监护仪
  2003年 中国第一套无线中心监护系统
  2006年 中国第一台模块化信息监护仪
  2006年 中国第一台集多参数监护与信息化于一体的麻醉机
  2009年 中国第一台拥有完全自主知识产权的双相波除颤监护仪
  1998年 中国第一台准全自动血液细胞分析仪
  2001年 中国第一台全自动血液细胞分析仪
  2003年 中国第一台全自动生化分析仪
  2005年 中国第一台封闭穿刺进样全自动血液细胞分析仪
  2006年 中国第一台全自动五分类血液细胞分析仪
  2010年 中国第一套高速全自动生化流水线

通过学生学习看得见、摸得着的企业开发产品实例教育活动，使他们感到对祖国的爱并不是抽象的，而是实实在在、有血有肉的，与企业开发产品一样，学生可以通过自己扎实的学习，刻苦的研究，来实现自己的理想目标，以优异的成绩和实际行动来报答祖国。

2. 检测仪器实践教学——培养创新、钻研的科学精神

本课程的实践教学为课程总内容的1/3，通过实践过程，让学生参与部分准备实验，例如心电图机参数检测实验中，学生参与时间常数的测定准备这一实验环节，在测量过程中导电膏由原来教师提前准备改成学生亲自动手准备，这一环节有利于学生理解导电膏的作用，也更进一步理解电极使用导电膏这一实验环节对测定心电机器的时间常数结果的影响。教师只需对不同的实验采取不同的方法组织和引导学生积极参与实验的准备，学生亲自动手准备，有助于让每个学生弄清实验的内容、操作步骤、注意事项、实验目的和每个实验的全过程，使学生能做到心中有数，同时也能培养他们对实验的兴趣，充分发挥学生在学习活动中的主体作用，从而更有效地掌握专业实验的技能、理解标准的技术指标。为了全面提高学生的综合素质，在重视基础性经典实验的同时，增加一些设计性实验。可在上述基础实验的内容中引入典型仪器行业标准，如呼吸机性能测试，引入行业标准YY 0461（理论课程内容是国家标准GB 11747）。在教师辅导下，学生负责查阅相关呼吸机行业专用标准YY 0461文献资料，并与国家标准GB 11747进行比较，自行设计呼吸机等有源医疗仪器及指标检测方法。学生可以自行安排时间，自主实验，提交项目设计和实施报告。由于该部分实验内容教材中并没有现成的标准，需要学生查阅文献，寻求解决方案，教师在学生的项目实施中仅仅起到帮助、辅导、监督、协调作用。通过自行安排时间、自主实验、自主项目设计培养了创新、钻研的科学精神。

四、教学效果

(一) 案例开展的意义和价值

本课程教学通过讲解仪器的原理，内容延伸到国有品牌迈瑞医疗检测仪器开发创造了我国多个第一、弥补了我国医疗器械空白的实例，鼓励学生动手设计仪器，完成学生自己的设计，挖掘了学生的潜能，培养学生的创新精神与科研精神以及爱国主义精神。教学中学生主动学习，动手实验，增强了学生自主学习能力。

(二) 主要成效和特色

通过前面的建设，学生自主完成搭建实验教学仪器5台，用于实验教学；完成《一种用于检测麻醉机的装置》（2019207738594）、《二级浓度控制方式麻醉药物蒸发装置》(ZL201010537233.7)等专利3个，大大激发创新意识和科研精神。图17-3为学生参与开发搭建的4台医用电气安全监测仪（图17-3），右图为学生获得的专利证书。

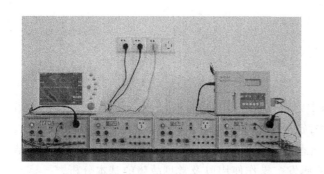

图17-3　4台自制仪器用于教学

案例18 医用超声装备设计中的使命与担当

一、所属课程

医用超声与红外成像技术

二、教学目的

(一)课程教学目标

"医学超声与红外成像技术"是医学影像技术专业核心课程之一,通过本课程的学习,使学生能对医学影像设备有较全面、系统的了解,掌握医学影像设备的理论与实践知识。通过课程的学习和实践,使学生全面熟悉医用超声成像仪器,使学生掌握超声设备的结构、工作原理、适用范围,掌握设备的研发、操作使用以及常见故障的基本分析。

(二)思政育人

1. 设计思路

通过介绍医学影像设备的发展结合当前国际国内形势,结合编者多年教学经历和社会实践经验,突出中国人在这个技术领域的突出成就,激励学生将来为我国高端医疗装备的发展贡献智慧的志向,从而促进其认真学习,有兴趣地学习。

2. 思政育人目标

培养学生严谨的科学研究精神,激发学生的爱国热情。

三、教学实施过程

1. 通过本人科研经历，介绍国际、国内医用超声发展现状，激发学生的责任感、使命感

授课老师本人长期从事医用超声相关的材料、器件应用以及基础研究，对于国际、国内医用超声发展现状（图 18-1）较为熟悉。例如中国目前医用超声成像的市场巨大，但三甲医院采购的高端仪器一般为国外品牌，如飞利浦、西门子、GE 等，国内只能占据中低端品牌。但是近些年也有些国内公司在崛起，比如迈瑞、开立等。学生完全有理由选择这个领域，将来为我国高端医用超声发展做出贡献。

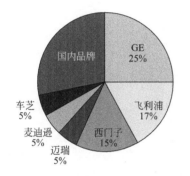 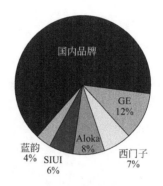

图 18-1 高端医用超声成像装备的国内外市场占有情况

2. 以我国超声领域研究的具体案例，激发学生从事医用超声学习和工作的自豪感

以医用超声换能器用的关键核心为压电材料为例进行教学。压电材料是超声换能器的关键换能元件，决定着超声换能器的性能乃至整个超声成像系统的成像质量。要提高换能器性能就要首先提高压电材料的压电系数、机电耦合系数以及适中的介电常数和声阻抗性能。授课教师所在的研究团队在国际上率先用 Bridgman 法生长出大尺寸高质量的 PMNT 单晶，相关结果引起了国际同行的密切关注。该种方法成为目前世界上生长弛豫铁电单晶的唯一方法，相关研究结果获得了 2015 年度国家技术发明奖二等奖、上海市 2013 年自然科学奖一等奖。也就是说我国本土的研究已经占据了世界领先地位，世界上许多国家，包括美国，也在后面跟踪研究。所以中国人完全可以做出世界领先的研究成果，我们要有这方面的自信。

四、教学效果

(一)案例开展的意义和价值

通过医学超声成像技术的发展，使学生思考历史的发展与必然，顺应潮流并保持前

瞻。有助于培养他们的创业精神、科学实验精神。

(二)主要成效和特色

学生对于医用超声这门重要的技术有了全面、深入的了解，知道了我国发展趋势、国际发展趋势，对于他们以后成长为社会有用的高技术人才、为国奉献具有明显的作用。另外，使学生学会独立思考和认识世界，能够抵御错误思想的侵扰，对于新时代的年轻人起到了积极作用。

案例19　科学精神和爱岗敬业精神

一、课程名称

面向对象程序设计

二、教学目的

(一) 课程教学目标

上海理工大学医疗器械与食品学院所设置的本科课程"面向对象程序设计"紧扣技术发展的前沿热点和人工智能的国家发展战略，课程教学的目的是让学生学习和掌握C#语言的语法和面向对象编程的基本概念，并将所学应用到实际项目中，总体而言本门课程具有较高的实战技能与创新能力培养要求。目前该课程每年第1学期开设，课程包括理论课和实践课，理论课48个学时，实践课16个学时。授课对象为生物医学类专业的本科生，班级人数约为80人。通过对教学内容进行筛选，教师可以有针对性地将较复杂的授课内容，如公式推导、代码示范或编程工具使用等，制作成视频课件，并提前发布在超星等平台供学生课前预习。对学生而言，通过在课前对相关的重要知识点进行预习，能提高对在线授课的适应程度和提高课堂学习的效率。同时教师也会在课后发布在线讨论和课后作业，以进一步帮助学生对课堂知识点的掌握。

(二) 思政育人

1. 设计思路

通过介绍分析我国在信息技术特别是软件设计领域发展现状、成就、规划和瓶颈等，实事求是地分析我国软件行业发展过程中所遇到的困境，鼓励学生认真学习，毕业后积极投身相关行业，爱岗敬业，为国家软件行业的发展做出贡献；同时通过创新教学方法，培养学生积极探索的创新精神、求真务实的科学精神。

2. 思政育人目标

培养学生积极探索的创新精神和求真务实的科学精神。

三、教学实践过程

为了解决"面向对象程序设计 B"在互联网教学中所面临的互动效果有限等共性问题和编程不方便演示等具体问题，以下将从课程授课内容设置和互动教学课堂设计两方面进行分析。

1. 课程内容设置

"面向对象程序设计"课程的主要目的是向学生传授基本语法、控制语句等 C♯ 程序设计的基础，进一步讲解类、属性、委托、继承、事件等面向对象编程概念，并辅助以控制台应用程序和窗体应用程序练习进行知识点巩固。结合专业的发展需求和在线授课的特点，本课程将对 C♯ 数据类型、变量和常量、运算符和表达式、控制语句、数组和集合、面向对象程序设计核心概念、继承和接口设计、枚举器和迭代器、窗体应用程序和文件操作等内容进行细致讲解。并设计课堂实践环节，通过实用软件开发案例，培养学生的创新和科学精神。

2. 互联网+ 在线教学课堂设计方法

互联网＋在线教学课堂应该具备知识结构层次化、教学方式多样化和教学手段科学化等特点，因此将从以下几个方面进行混合教学方法的创新和设计。

（1）视频课件制作

为了让学生更好地对课程进行预习和复习，将使用 PPT 旁白演示录制视频的方法进行课件制作，这样学生可结合旁白讲解进行深入学习。如图 19-1 所示，课件视频录制的流程包括 PPT 制作、幻灯片旁白录制和视频导出等步骤。

（2）资料发放和课前准备

在超星平台先创建课程和班级，然后教师在课程主页上把各项内容填好，如课程介绍、章节目录等［如图 19-2（a）］。在超星平台的"资料"中上传授课 PPT 视频、教材电子版、参考书等，便于学生预习；使用超星平台的"通知"功能通知学生上课时间和注意事项；该上课时，使用超星平台的"签到"功能让学生签到；可以通过发起讨论，调动学生的学习积极性。

（3）课堂授课和互动

"面向对象程序设计"这门课，采用的教学方式是 MOOC＋QQ 群电话实时互动模式。本门课程与其他课不同的地方在于，教师在课堂需要大量的代码示范。QQ 群的群电话正好有这个功能，可以实时共享我的电脑屏幕。教师可边编写代码边讲解，学生看起来更直观，更加容易理解。从使用经验总结，QQ 群电话功能好用，可进行实时共享屏幕和实时语音提问互动，基本没有出现卡顿的情况，学生反映这一手段也很好用［如图 19-2

案例 19 科学精神和爱岗敬业精神

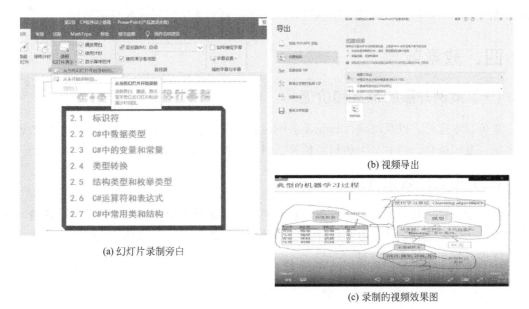

(a) 幻灯片录制旁白

(b) 视频导出

(c) 录制的视频效果图

图 19-1 视频课件制作流程示意图

(a) 使用超星平台进行课程建设

(c) 超星平台布置作业

(b) 使用QQ屏幕共享和语音进行在线互动

(d) 通过超星平台发起讨论

图 19-2 课堂授课和课后作业

(b)]。在授课过程中学生每看完一个视频，教师会给学生将视频中的重点再讲解复习。同时再补充课程 PPT 知识点，让学生加深理解。

（4）课后实践作业和讨论

在课后可使用超星或 QQ 平台，给学生布置作业 [见图 19-2（c）] 和发起讨论 [见图 19-2（d）]。教师布置完作业后，学生要限时完成并提交作业，教师批改后，学生可以参考标准答案进行作业的完善。教师发起讨论后，学生可自由发表观点进行讨论，并发起辩论。通过课后讨论，学生能做到加深对知识点的理解和查漏补缺。布置课后实践作业并安排相应的汇报讨论,通过实用软件开发案例,培养学生的创新和科学精神。

四、教学效果

(一) 案例开展的意义和价值

避免照本宣科,以我国软件行业发展的过去、现状和将来教育学生,增强学生的民族自豪感、爱国情怀,培养学生的创新精神、科研精神与敬业精神。

(二) 主要成效和特色

在课中、课后和学生讨论中发现,相关内容的讲解极大地激发学生们的爱国热情,同时也激发学生对编程语言学习和软件开发等的浓厚兴趣,很好地鼓励学生们到实验室中去参与软件开发相关的实践项目。

案例20　系统大局观和团队合作精神的培养

一、所属课程

嵌入式系统原理与应用

二、教学目的

(一)课程教学目标

了解嵌入式系统的基本概念；熟悉嵌入式 Linux 系统开发环境与调试技术；掌握嵌入式 Linux 系统中应用程序的编写与调试过程。

(二)思政育人

1. 设计思路

嵌入式系统由硬件和软件两大部分组成，硬件一般由高性能微处理器和外围接口电路组成，软件一般由操作系统和应用程序构成，软件和硬件之间由所谓的中间层（BSP 层，板级支持包）连接。各个部分各司其职，分工协作，一起完成特定的任务。人类社会的运作模式与此类似，人作为最小的独立个体，组成规模不一的团体结构，利用各自特有的知识、技能、经验和资源，分工合作，完成大大小小的工作任务，为经济发展、社会进步贡献出自己的力量。教育学生既应发扬自己的个性，发挥自己的特长，更应树立大局观，注重团队合作，发挥团队优势，为了一个共同的目标相互支持合作奋斗。在学习过程中，强调嵌入式系统的整体性，以及各个部分的合作分工，强调当前时代是一个广泛分工合作的年代。在讲解进程和多线程章节时，引申出团队如何合作的基本思想，结合当前热点事件，强调分工合作、优势互补就能解决很多问题。

2. 思政育人目标

培养学生的"系统"大局观和"团队合作"精神，培养学生全面分析问题的习惯和能力。

三、教学实施过程

（1）在学习过程中，强调嵌入式系统的整体性，通过讲解嵌入式系统中的硬件软件组成，分析各模块的功能，引申社会、企业需要由许多功能模块组成。"任何事物都不是孤立"，培养大局观。

嵌入式硬件系统主要包括：嵌入式处理器、存储器、模拟电路、电源、接口控制器、接插件等；嵌入式软件系统主要包括：底层驱动、操作系统、中间件、框架和库、应用程序等（图20-1）。

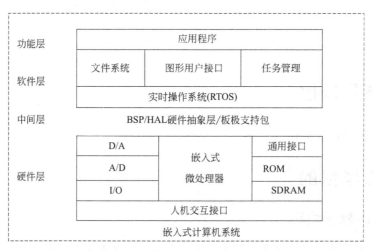

图 20-1　嵌入式系统的组成结构

而人类社会具有更复杂的结构。马克思和恩格斯在人类历史上第一次科学地揭示了人类社会的基本结构，这就是：①由人的劳动生产活动形成的人同自然界的关系，实现着社会与自然的物质、能量和信息交换，构成为生产力系统；②在劳动生产活动中形成的人和人的联系，使生产力获得具体的社会形式，构成生产关系体系；③以生产关系为社会的基础而派生出的其他各种社会关系，建立起由政治法律制度和设施以及政治法律观点、各门社会科学、道德、哲学、艺术、宗教等意识形态组成的庞大的上层建筑系统。人类社会不是抽象的单个人的机械相加，而是由处于现实活动中、现实关系中的社会的人形成的相互联系和相互作用的有机系统。

（2）在学习嵌入式操作系统时，强调物质基础之上的管理和制度的重要性，以一个企业为例，告诉学生当前时代是一个广泛分工合作的年代。

举例：在新冠肺炎疫情发生后，包括口罩在内的防疫物资严重短缺，一些具备跨界实力的企业积极发挥自身潜在优势和协同能力，快速改造车间，调整激励机制，短时间内实现跨界转产，通过市场的手段实现社会和企业共赢。2020年2月，作为国内化工原料主要生产商，中国石化官方微博、易派客官方微信发出"我有熔喷布，谁有口罩机"的合作需求，不到3小时，中国石化就确定了11台口罩机（图20-2）的购置事宜，投入生产后，使北京每天多产口罩约100万只。

图 20-2　口罩机

（3）讲解进程和多线程章节时，通过分析进程和线程的通信，多任务之间的协调，资源共享等，引申出团队如何合作的基本思想。首先有整体的概念，然后协作才能成就事业。结合新冠疫情，分析国家、社会如何作为一个整体，各部门、各机构、每个人通力合作共同对抗疫情。延伸到未来的技术发展趋势，所有的工作都是合作的结果。

讨论："冲突"是否会毁了整个团队？

线程是非独立的，同一个进程里线程的数据是共享的，当各个线程访问数据资源时会出现竞争状态，即：数据几乎同步会被多个线程占用，造成数据混乱，即所谓的线程不安全。我们通过多线程调度，比如线程优先级、锁（图20-3）、信号量等机制可以解决线程不安全问题。

同理，团队是由不同个体组成的，个体间必然存在这样那样的冲突，过于激烈的冲突还往往会引发团队内部的分裂。告诉学生不应该对团队中存在的冲突讳莫如深，而应避免被团队内部虚伪的和谐气氛所误导，应采取种种措施，努力引导和鼓励适当的、有建设性的良性冲突，并将被掩盖的问题和不同意见摆到桌面上，通过讨论和合理决策将其解决。

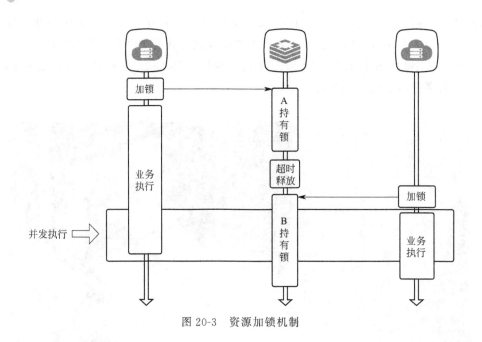

图 20-3 资源加锁机制

四、教学效果

(一)案例开展的意义与价值

通过将嵌入式系统与人类社会组织结构相类比,帮助学生树立大局观,培养学生的团队合作精神,提高职业素养。

(二)主要成效和特色

培养学生的系统大局观思想和团队合作精神,能更好地掌握嵌入式系统理论和开发方法,在系统大局观和团队合作的引导下实现科学、稳定、实用的嵌入式系统设计,提高了学生动手实践能力、分析和解决问题的能力、综合知识运用能力等。

案例21　科研素养教育

一、所属课程

化工原理

二、教学目的

"化工原理"作为生物医学工程专业本科生的必修课，是一门以单元操作为基础，对其中所涉及的质量传递、动量传递、热量传递和反应工程进行研究的课程。"化工原理"着重于药物的实际工业生产过程，可以使学生对制药的全部流程有一个整体的认识，学生在毕业之后不论是工作，还是继续深造学习，掌握这门课程都有利于专业发展。而在"化工原理"的授课过程中引入对科研素养的教育，则可以使学生更好地掌握这门课程，同时培养学生的科研能力。

本案例主要讲述"化工原理"中的离子交换与吸附这一章的授课过程，以此章节作为例子融入对学生的科研素养的教育，在对离子交换与吸附的基本原理和典型设备进行讲解的同时，对离子交换与吸附这一领域相关的先进事迹和科研进展进行扩展。在讲授过程中，通过对离子交换树脂背后的科研故事的讲述，融入中国"树脂之父"何炳林先生的事迹，让学生认识到在科研中不仅要默默奉献，协同团队合作，还需要在面对科研上的种种不利条件时，要学会克服困难，迎难而上，积极完成任务。

(一) 课程教学目标

通过对离子交换与吸附这一章的学习，使学生掌握常见的离子交换材料和设备，尤其是离子交换树脂。离子交换树脂是一种含有活性交换基团的不溶性高分子聚合物，这些活性交换基团表现出酸性、碱性或者两性，可以和溶液中的离子进行吸附和交换，从而发挥对溶液的改造作用。因此，离子交换树脂作为吸附剂在各行各业中均具有重要的用途。在食品行业中，离子交换树脂可以用于制糖、制味精等；在化工行业中，离子交换树脂可以用于催化化学反应，使反应时间缩短，提高效率；在制药行业中，离子交换树脂可以用于提纯药物等。

除了讲解离子交换树脂，我们也会对现今科学前沿所涉及的最新型吸附剂进行介绍，例如共价有机骨架聚合物（Covalent Organic Frameworks，COF）。共价有机骨架聚合物由美国加利福尼亚大学伯克利分校的 Omar.Yaghi 教授首次合成，于 2005 年发表于"*Science*"杂志上，之后便引领了研究共价有机骨架聚合物的热潮，相关的研究论文逐年增多。除了共价有机骨架聚合物，还有金属有机骨架聚合物（Metal-Organic Frameworks，MOF），新型沸石咪唑酯骨架结构（Zeolitic Imidazolate Frameworks，ZIF）等。在介绍这些新型材料的同时，还会对这些新型吸附材料的实际应用进行举例，强调其应用前景。

从离子交换树脂到共价有机骨架聚合物，从何炳林教授到 Omar.Yaghi 教授，吸附材料的发展从未间断，我们在授课过程中向学生们展现这条科研长河中的朵朵浪花，开阔学生们的视野，拓展学生们的知识，培养他们对科学研究的兴趣，引导他们走向科研强国、实业强国的道路。

（二）思政育人

1. 设计思路

在离子交换树脂部分，通过介绍我国离子交换树脂事业的发展过程，融入天津大学的何炳林先生的事迹，让学生学习到何炳林老先生的奉献精神。

在新型吸附材料部分，通过介绍国际上先进的吸附材料，强调这些材料在新型工业上的重要性，例如可以用作储氢材料，用于新能源汽车，同时提及我国在维护国际环境方面所做出的巨大努力，提升民族自豪感。

2. 思政育人目标

培养学生的科研兴趣，提升学生的科研素养，让学生认识到科研强国的同时，也具备一颗承载着"全球人类命运共同体"的宏大责任心。

三、教学实施过程

1. 介绍离子交换以及离子交换树脂

离子交换树脂是一种具有活性交换基团的不溶性高分子聚合物。离子交换树脂可以作为吸附剂，将溶液中的待分离组分，根据电荷差异，依靠库仑力吸附在树脂上。然后利用洗脱剂将吸附质从树脂上洗脱下来，达到分离的目的。

离子交换树脂可以根据所交换的离子类型分为阳离子交换树脂和阴离子交换树脂，也可以根据孔径的大小分为凝胶型离子交换树脂、大孔型离子交换树脂等。

2. 介绍离子交换树脂之父何炳林先生的事迹

通过原子弹爆炸成功这张图片（图 21-1）激发起学生们的兴趣，同时使他们产生疑问：原子弹和离子交换树脂之间有什么关系？

1964年10月16日15时，我国第一颗原子弹爆炸成功。连接原子弹和离子交换树脂之间的关系的纽带就是制备原子弹所需要的原料：铀。何炳林先生被称作"中国树脂之父"，他制备了苯乙烯型强碱性阴离子交换树脂，成功从贫铀矿中提取出达光谱纯度的浓缩核燃料"铀-235"，为我国原子能国防事业立下了汗马功劳。

图 21-1 我国第一颗原子弹爆炸成功的报道　　　　图 21-2 大孔型树脂

科研需要协同分工和团队合作，我国原子弹的成功不仅依赖于邓稼先先生的正确主导和无私奉献，也需要像何炳林先生这样的科研工作者在背后的默默付出。另外，何炳林先生还利用苯乙烯-二乙烯共聚，制备了大孔型树脂（图21-2），可以用于提纯精制链霉素等，促进了我国医疗事业的发展。

好的家庭科学氛围可以促进科研事业上的成功，何炳林先生就是一个例子。何炳林先生的爱人陈茹玉教授同为院士，其研究方向为生物活性有机磷化合物如除草剂等的合成及相关反应；具有抗肿瘤和抗病毒活性的含磷及锗磷化合物的合成及相关反应；从植物中提取、分离和鉴定生物活性化合物。何炳林和陈茹玉伉俪情深，共同为我国的科研事业做出了突出的贡献。同样的例子还有著名的波尔家族等。图21-3为尼尔斯·玻尔和儿子阿格·玻尔，以及孙子威廉·玻尔一起在黑板前演算的珍贵画面。

3. 介绍新型吸附材料以及我国在环保事业上的努力

在授课过程中还将介绍一些吸附材料的科学前沿问题，例如金属有机骨架聚合物的实际应用，让学生们认识到这些研究的社会价值。共价有机骨架聚合物是由 C、O、N、B 等元素以共价键连接而成，经热力学控制的可逆聚合反应形成的具有有序多孔结构的结晶态物质。金属有机骨架聚合物是过渡金属离子或者金属簇与有机配体通过自组装形成的具

图 21-3　尼尔斯·玻尔、阿格·玻尔与威廉·玻尔在演算

有周期性网络机构的晶体多孔物质。共价有机骨架聚合物和金属有机骨架聚合物都可以制备成二维材料，与已经获得诺贝尔奖的石墨烯研究有类似之处，科学家们对这两种材料的吸附性能研究深入。

图 21-4 显示的是一个利用金属有机骨架聚合物制备的空气水分收集装置原型机，由加利福尼亚大学伯克利分校的 Omar.Yaghi 教授课题组制备，其利用金属有机骨架聚合物的吸附性能，可以利用晚上空气温度低、相对湿度大的特点，从空气中捕获水蒸气，然后利用白天的太阳能将吸附的水蒸气排出收集（讲述此装置的工作原理也会使学生复习到前面讲过的干燥这一章的知识点）。这个巧妙的装置可以用于在沙漠中的水分收集，在干旱的沙漠地区具有重要的实际意义，通过这个示例向学生说明科研转化的重要性。

共价有机骨架聚合物和金属有机骨架聚合物还是重要的气体储备材料，例如可以用于储备氢气。现今我国响应国际组织的号召，在节能减排上做出了很大的努力，例如最新实施的国家第六阶段机动车污染物排放标准（国六），比国家第五阶段机动车污染物排放标准（国五）对汽车尾气的排放提出了更为严格的要求。

为了降低尾气排放和空气污染，我国也在大力推广新能源汽车。新能源汽车不会产生汽车尾气，理论上可以彻底解决尾气和空气污染的问题，但是现在主要的新能源汽车电池以磷酸铁锂或者三元锂电池为主，这些电池也会产生一定的空气污染，所以尚待改进。而以氢燃料电池为动力来源的新能源汽车在原料制备过程中可以减少对空气的污染，是现在的研发热点，共价有机骨架聚合物等新型吸附材料则可以用作便捷的储氢材料，提升电池的能量密度，为氢燃料新能源汽车的落地提供了有力支持。

我国在环保方面的努力体现了我国的"大国担当"，学生应当具有民族自豪感，同样也应当为"科学强国"贡献出自己的一份力量。

图 21-4　以金属有机骨架聚合物为基础的空气水分收集装置

四、教学效果

(一) 案例开展的意义和价值

通过讲述何炳林先生在我国离子交换事业中的先进事迹，培养学生的奉献精神和团队合作精神；通过对新型吸附材料的实际应用举例，说明科学研究的实用价值，培养学生的科研兴趣；通过对新型储氢材料引申出来的我国在环保事业上的努力，培养学生的民族自豪感和责任心。

(二) 主要成效和特色

学生们通过对科研大师事迹的学习，在心里种下建设科研强国的种子；通过学习科研实际应用的示例，认识到了科研强国的途径；通过了解我国在环保事业上对国际共识的响应，体现了科研强国的责任担当！

案例22 专业素养和责任担当

一、所属课程

医用电气安全及电磁兼容技术

二、教学目的

(一)课程教学目标

"医用电气安全及电磁兼容技术"课程主要包括两个部分:医用仪器电气安全技术、医用设备电磁兼容检测技术。

医用仪器电气安全技术的教学任务:依据最新的医用电气设备的国家标准(GB 9706.1—2007《医用电气设备 第1部分:安全通用要求》),使学生较全面掌握医用电气设备的安全性分析和安全管理基本方法,熟悉国内外通用的医用电气设备的故障分析和风险管理方法,熟练掌握电气安全项目的检测。

医用设备电磁兼容检测技术的教学任务:使学生熟悉医疗器械电子产品的电磁兼容的基本知识、检测标准、检测原理、检测方法和检测仪器。使学生能在今后的实际工作中,对医疗器械电子设备进行电磁兼容预测和分析,以提高医疗器械电子设备的电磁兼容性。

课程章节"医用电子设备的安全通用标准解析"的教学内容安排如下:通过众多案例,使学生认识到所有的医疗器械都存在一定的风险性。引出本课程的学习内容:为了对医用电气设备生产阶段的安全性进行把关,需要对医用电气设备进行认证检测。而医用电气设备安全性检测的依据即为:GB 9706.1—2007。

本章节的教学目标如下：
① 了解医用电气设备安全标准的发展历史和标准体系。
② 掌握医用电气设备安全检测的检测认证要求和检测方法。
③ 培养学生的专业素养和责任担当。

(二) 思政育人

1. 设计思路

通过众多医疗器械使用风险案例，使学生认识到医疗器械生产阶段的潜在风险，鼓励学生努力学习提高自身的专业技能，从医疗器械产品的设计研发与出厂检测等各方面入手，确保产品的安全性，并且树立从业者的专业素养和责任心。

2. 思政育人目标

生物医学工程类专业的学生毕业走上工作岗位后，即将从事医疗器械行业的设计研发、产品注册、经营管理、销售、维修、技术支持等工作，作为一名医疗器械行业的从业者，必须树立专业素养和责任担当。

三、教学实施过程

1. 背景事件：国内外医疗器械的不良事件案例分析

医疗器械的安全性与民生息息相关。即使在国家各级监管部门进一步加强监管力度的情况下，医疗器械不良事件还是不断涌现。原因何在呢？先来看以下案例。

2010年1月至2015年3月，国家药品不良反应监测中心共收到体外除颤器可疑不良事件报告231份。主要表现为：心脏除颤功能失效90份，占报告总量的38.96%；监视器或记录器失效或受扰紊乱52份，占报告总量的22.51%。

2010年1月至2015年6月30日，国家药品不良反应监测中心共收到神经肌肉电刺激仪产品有效可疑不良事件报告768份。经统计，此类产品的不良事件主要以电能危害为主。其中：表现为人员伤害的报告358份，占46.6%，主要伤害表现为皮肤过敏、烫伤、灼伤、刺痛、疼痛及肌肉麻木等；表现为器械故障的报告410份，占53.4%，主要表现有：漏电，无输出或输出不稳定，电极片、导联线损坏等。

自2005年1月至2011年12月，国家药品不良反应监测中心共计收到涉及病人监护仪的可疑不良事件报告2414份，不良事件主要表现为信息失真，可能造成患者的病情延误或者错误诊疗。其中与测量错误相关的不良事件报告数量最多，共计790例，包括：心电波形错误272例、血压测量错误238例、心率测量错误190例、血氧饱和度测量错误55例及呼吸参数测量错误35例。

2. 医疗器械认证检测的必要性

医疗器械是单独或者组合使用于人体（体表或者体内）的，旨在对疾病的预防、诊断、治疗、监护、缓解；对损伤或者残疾的诊断、治疗、监护、缓解、补偿；对解剖或者生理过程的研究、替代、调节；对妊娠控制的工业产品。医用电气设备作为有源医疗器械，它在使用过程中应注意如下问题：

(1) 医用电气设备的特殊性。设备在正常使用和发生故障时,有能量(电能、辐射能、机械能、热能或化学能等)传递到患者或使用者身上。

(2) 患者不能正常地反应。患者不能正常反应(图 22-1),如极度虚弱、失去知觉、被麻醉等。

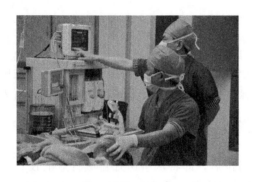 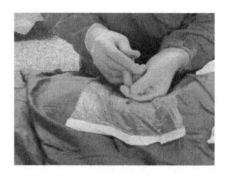

图 22-1　患者不能正常反应　　　　　图 22-2　穿刺导致皮肤阻抗降低

(3) 穿刺或治疗致使皮肤电阻值降低。因穿刺或治疗使皮肤阻抗低(图 22-2),患者皮肤对电流无正常防护能力。

(4) 生命支持设备(图 22-3)的可靠性。维持生命的设备(呼吸机、人工心肺机等)在运行中失灵,则可能导致患者死亡。

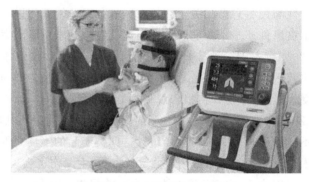

图 22-3　生命支持设备的使用

(5) 患者同时与多台设备相连接(图 22-4)。

通过上述内容的讲解,使学生明确:由于有源医疗器械与人体的这些特殊关系,使其在使用过程中存在的潜在危险不同于一般的电气设备;与一般的电气设备相比,它更为直接、更为明显地影响人的生命安全或身体健康。因此必须有一系列的安全标准来规范医用电气设备,保证安全的基本要求,保证对患者、操作者及周围环境不至于产生安全方面的使用风险。

并且,进一步引导学生认识到:作为生物医学工程专业的本科生,未来基本都会在医疗器械行业从事生产、销售、研发、监管等工作,医疗器械使用风险的控制任重而道远,只有不断提高自身的专业技能和素养,才能确保医疗器械使用的安全性和有效性,使其在治病救人方面发挥更多的作用。在我国,医用电气设备的安全通用要求依据的标准为:GB 9706.1,而这个标准是从 IEC 国际标准转化过来的。接下来的课堂教学内容为:医用

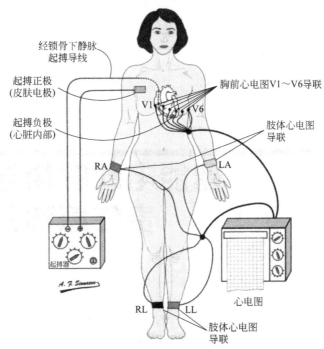

图 22-4　患者同时与多台设备相连

电气安全标准的发展历史、医用电气安全的标准体系、医用电气安全通用标准的检测要求和检测方法。

四、教学效果

(一)案例开展的意义和价值

通过分析医疗器械不良事件的案例，将课程思政元素穿插在课堂知识点的讲授中，培养学生的专业责任感和使命感。

(二)主要成效和特色

医疗器械使用安全监督管理问题已成为人们关注的焦点之一，提高医用电气设备的安全性刻不容缓。如何对医用电气设备的安全性进行检测和风险把控，这是本门课程需要学生掌握的专业知识点。学生在掌握本课程知识点的基础上，将其融入医疗器械的研发设计、生产质检等各个环节，能设计出满足安全要求的医用器械和关键部件，在设计环节中体现医用设备的安全性。

学生表示：不仅能从这门课程中掌握各种医用电气设备的安全性检测要求和检测方法，更能从一些具体案例感受到医疗器械使用过程中风险控制的重要性，从而认识到作为一名医疗器械从业人员的使命和担当。

案例23 智能电动轮椅与专业责任感和使命感

一、所属课程

自动控制原理

二、教学目的

(一)课程教学目标

"自动控制原理"课程着眼于使学生系统地掌握自动控制的理论基础,并具备对简单系统进行定性分析、定量评估和动态仿真的能力,能够应用其中知识去分析和设计工程系统。

课程章节:控制系统的时域性能分析。首先给学生介绍线性系统的时域性能指标主要分为瞬态性能指标与稳态性能指标,各瞬态指标的定义与计算方法,控制系统的稳定性判断方法,以及控制系统稳态误差的计算方法。以新型电动轮椅的速度控制系统的时域性能分析为例,激发学生们对于生物医学工程专业的责任心和使命感。

(二)思政育人

1. 设计思路

分析讲解控制系统的时域性能分析,使学生明确控制系统的时域性能评估主要从稳定性、快速性和准确性三个方面入手。控制系统性能的评价分为动态性能指标和稳态性能指标。其中,动态性能指标通常在阶跃函数作用下进行测定或计算,包括:上升时间、调节时间、延迟时间、峰值时间、超调量。稳态性能指标包括稳态误差。分别阐述以上各个性能指标的定义和计算公式。

以新型电动轮椅的速度控制系统的时域性能分析计算为例，讲解时域性能指标分析的方法和步骤。首先，需要建立新型电动轮椅的数学模型；在此基础上，计算系统的单位阶跃响应；然后，根据时域性能指标的定义计算各性能指标。通过以上案例的讲解，从而使学生掌握如何采用本课程的知识去分析和评估工程系统。

在课程知识点讲解的基础上，以新型电动轮椅的发展历史、发展现状和发展趋势为切入点，进而分析阐述国内医疗器械行业的发展趋势和面临的挑战，一方面树立学生的民族自信心与自豪感，增强对国内医疗器械行业的认同感和归属感；同时，也应认识到国产医疗器械与国际上存在的差距与不足，鼓励学生努力学习提高自身的专业技能，投身于医疗器械产品的设计研发，提高生物医学工程类专业学生的专业素养和责任心。

2. 思政育人目标

树立医疗器械从业者的爱国情怀和使命担当，激发学生努力充实自己，掌握更多专业知识和技能，为国产医疗器械行业的发展贡献自己的力量。

三、教学实施过程

1. 课堂知识点的引入

电动轮椅的控制系统是一种反馈式控制系统，这是我们课程前期已经讲解过的知识点。引导学生复习反馈的含义、反馈控制系统的定义、控制系统的几种基本控制方式等知识点。

对于线性控制系统，常用的分析方法包括：时域分析法、根轨迹法、频域分析法。时域分析法具有直观准确的优点，可以提供系统时间响应的全部信息，尤其适用于低阶系统。

随后，针对电动轮椅车速控制系统的结构图和时域性能指标，对电动轮椅车速控制系统进行分析计算。

2. 国内智能电动轮椅的发展现状和发展趋势

在讲解课程知识点的基础上，引入国内智能电动轮椅的发展现状和发展趋势。国内对电动轮椅的研究较晚，尤其是智能电动轮椅，研究尚不完善，但近几年发展很快。国内厂商生产的电动轮椅主要分为四轮式和六轮式，一般都具有调速、翻越简单路障和防倾倒等功能。有些厂商在原有轮椅研究基础上，发明出驱动左右动力后轮的左右电机串联设计，从而实现差动速度功能，使电动轮椅行驶时稳定舒适、转向可靠。近几年，还出现了手扶电动、可爬楼及站立式电动轮椅。

智能电动轮椅是在传统电动轮椅的基础上结合了机器视觉、机器人导航和定位、模式识别、多传感器及人机交互等技术，涉及机械、控制、传感器、人工智能等多种技术领域，其中的核心技术在于环境感知和导航系统、运动控制和能源系统、人机接口。

目前，电动轮椅面临的瓶颈问题和挑战如下：第一，人机交互不够自然。虽然已开发了多种智能电动轮椅人机交互方式，但是仍处于采用传统人机接口对轮椅进行简单控制的阶段，对使用者的无意识行为与有意识行为的区分还欠缺，无法达到自然交互的目的。第二，轮椅的安全保护系统不够完善。目前多数智能电动轮椅平台较重视功能的实现，而对于各种环境下危险发生的可能性以及相应的风险规避措施研究不够。第三，智能电动轮椅控制系统的实时性较差、功耗较大、续航能力不高，离实用还有一定距离。鉴于以上因素，我们认为智能电动轮椅未来还是有着很大的发展空间。

智能电动轮椅功能的多样化，基本满足了行动人士的要求，在未来的发展中，主要趋向于以下方向。

（1）智能化：综合应用智能技术，优化控制算法，增强自动规划能力，综合现代科学技术、计算机通信及网络技术，适应开发远程通信的需求。

（2）人性化：充分考虑行动不便者的需求、设计合理，操作方法尽可能简单。

（3）模块化：整个系统由基本模块构成，每个模块负责相应的功能，模块之间协调统一；用户可以根据具体的需要选择不同的模块，以适应自身需求。

随着机器人技术、人工智能技术和传感器技术的发展，电动轮椅朝着高性能、多功能、智能化、人性化的方向发展。智能轮椅不但可以为老年人和残障人士提供一种良好的代步工具，而且可以具有自主导航、自主避障、人机对话等各种功能，因而可以帮助残疾人和老年人提供生活自理能力和工作能力，使他们更好地融入社会。

四、教学效果

（一）案例开展的意义和价值

通过分析新型电动轮椅的速度控制系统的时域性能指标，将课程思政元素穿插在课堂知识点的讲授中，培养学生的专业责任感和使命感。

通过新型电动轮椅的发展现状和发展趋势讲解，延伸到国产医疗器械的发展历史和发展现状，从而使学生明确：近年来，国产医疗器械的研发水平已经取得了长足进步，攻克了许多技术难关，正处在飞速发展的过程中，但是与国际上还存在一定的差距，随着我国科技的进步，这种差距有望进一步缩小。国产医疗器械行业能否实现弯道超车，能否达到国际领先水平，这都需要我们每一个人为之努力奋斗。

并且，进一步引导学生认识到：作为生物医学工程类专业的本科生，未来基本都会在医疗器械行业从事生产、销售、研发、监管等工作，我们是我国医疗器械行业发展的基石和新生力量，只有不断提高自身的专业技能和素养，才能为医疗器械产品的研发贡献自己的一份力量。

（二）主要成效和特色

通过案例讲解，学生们纷纷表示：不仅能从这门课程中掌握反馈控制系统的基本工作原理、线性控制系统的时域分析方法，更能从中感受到国产医疗器械行业的飞速发展，并认识到作为一名医疗器械从业人员需要不断提高自身的专业素养和使命担当。

案例24 医学实践精神

一、所属课程

临床医学概论

二、教学目的

(一)课程教学目标

"临床医学概论"这一课程通过各种临床病例,让大学生了解现代医学诊疗疾病的基础知识,使他们能够说出常见疾病的基本特点,掌握常见疾病的临床基本症状和基本的治疗方法。例如通过实验了解人体的稳态是动态的平衡。而且通过多次的实验验证可以证实这一理论是否正确。本课程通过实践是检验真理的唯一标准这一案例教学,培养学生从医学角度来思考问题,具备基本的医学思路。基于本课程的学习,使他们熟悉医学实验的原理,综合运用医学知识和能力,培养日后在工作和学习中解决实际问题的能力。

(二)思政育人

1. 设计思路

早在1845年马克思就提出"实践是检验真理的唯一标准",毛泽东同志又将这一理论应用到实际工作中并取得伟大的胜利。临床医学概论是一门医学基础课程,大量的理论和知识都来源于临床实践。"授之以鱼,不如授之以渔"。作为一名教育工作者,在大学教育中,不仅要教好专业知识,更要把这一理念融入教育教学的过程当中,培养学生的医学实践思维,锻炼其综合运用医学知识和能力,提高其在工作和学习中解决实际问题的能力。

实践就是要自己亲自动手参与和观察，通过国内外科学家的实际事例，向学生讲述实验发现真理的故事，提高他们的学习兴趣，增强参与实践的信心，促进医学实践的参与度。

2. 思政育人目标

提高学生的医学实践能力，从临床试验中得出数据，分析数据，总结实验结果。培养学生从实践中提高专业知识的能力。通过学习这门课程，了解临床医学的基本概念和理论知识，熟悉各个系统疾病的发生发展规律和特点。

三、教学实施过程

理论来源于实践，并在实践中经过反复的验证证明其正确性和真实性。每一个医学知识的揭示，其背后都有一众科学家锲而不舍、默默无闻、不厌其烦地为之努力和奋斗。通过在课堂上讲述一个又一个科学家如何在实践中发现真理的故事，引发学生们的思考，提高他们勇于探索、敢于实践的精神。

国内外诺贝尔医学奖获奖者的故事

每年的诺贝尔生理学和医学奖都备受瞩目和关怀，而很多诺贝尔医学奖获得者背后的故事也非常有传奇色彩。

1. 抗感染药的鼻祖——青霉素

青霉素的发现在医学史上非常富有传奇色彩。在第二次世界大战之前，还没有有效的控制感染的药物，战争中死于感染的人数比例高达90%。1928年，英国人弗莱明在一次意外中发现，一只未经刷洗的废弃的培养皿中长出了一种神奇的霉菌，而这种霉菌具有抗菌作用。牛津大学的弗洛里及钱恩对这种霉素进行提纯并发现了它对多种细菌具有抗菌作用。加上第二次世界大战爆发，大量伤员急需治疗，青霉素的生产工艺得到了飞速的发展。1943年，青霉素成了美国的第二重要高端研究项目并开始实现工业化生产。截至1945年6月，青霉素的年产量已经高达6469亿个单位，美国每个月生产的青霉素能够治疗4万人。青霉素挽救了成千上万的伤员及病人的性命，并且开创了百花齐放的抗生素时代。因此，1945年的诺贝尔生理学及医学奖颁发给了弗莱明、弗洛里及钱恩三人。

弗莱明的这一伟大发现是从未刷洗的废弃培养皿中得来的。科学界的很多发现是从一些不起眼的现象甚至是失误中发现的，通过这一事例，引发同学们要在实践过程中不忽略任何一个小细节、放弃任何一次探索，也许真理就在我们周围，等待着我们通过一次次地实践去揭示它。

2. 胃炎的罪魁祸首——幽门螺杆菌

科学界的有些发现在一开始并不被人们所认可和接受，科学家要忍受很长时间的忽视甚至误解，通过不懈的努力，最终获得世人的认可。而幽门螺杆菌的发现过程就是崎岖婉转的。1979年，病理学医生Warren在大量的标本中发现了幽门螺杆菌，认为这种细菌与慢性胃炎可能有密切关系。但周围的人却嘲笑和反对他的观点。为了进一步证实这种细菌就是导致胃炎的罪魁祸首，Warren 和 Marshall 不惜喝下含有这种细菌的培养液，结果大病一场。基于这些结果，Warren 和 Marshall 提出幽门螺杆菌涉及胃炎和消化性溃疡的病因学。1984 年 4 月 5 日，他们的成果发表于在世界权威医学期刊《柳叶刀》（lancet）上。2005 年 10 月 3 日，瑞典卡罗林斯卡研究院宣布，将 2005 年度诺贝尔生理学或医学奖授予这两位科学家，以表彰他们发现了幽门螺杆菌以及这种细菌在胃炎和胃溃疡等疾病中的作用的功绩。

3. 疟疾的克星——青蒿素

有些科学家很幸运地加入著名的科学研究小组，很快就有好的研究论文和结果，年纪轻轻就拿到各种奖项和荣誉。但是大多数的科学工作者要在大量的、重复的、繁琐的甚至是乏味的实践之后，才能获得显著的科学成果。1969 年，屠呦呦接到一个抗疟药的大课题，接手任务后，屠呦呦翻阅古籍，寻找方药，拜访老中医，对能获得的中药信息逐字逐句地抄录。在汇集了包括植物、动物、矿物等 2000 余种内服、外用方药的基础上，课题组编写了以其中 640 种中药为主的《疟疾单验方集》。正是这些信息的收集和解析铸就了青蒿素发现的基础。课题组筛选了 100 余种中药的水提物和醇提物样品 200 余个。1971 年 10 月 4 日，在 190 次失败后，191 号青蒿乙醚中性提取物样品抗疟实验的最后结果出炉——对疟原虫的抑制率达到 100%。屠呦呦因发现青蒿素而获得 2015 年诺贝尔医学奖（图 24-1）。

通过屠呦呦的这个故事，启发同学在科学面前，戒急戒躁；一切从客观事实出发，容不得半点马虎；更不能投机取巧；静下心来，踏踏实实一步一步地实践；找到正确的方向和目标；坚持下去，一定会有所发现。

图 24-1 抗疟药青蒿素的发现者屠呦呦

本案例通过一个又一个科学家们实践的故事，启发同学们勇于探索和实践，从实践中检验真理的有效性和科学性；又能从科学家们的身上看到一些共性，那就是尊重实践，锲而不舍，勇于探索，用事实来征服世人。我们要向前辈们学习这种实践精神。

四、教学效果

(一)案例开展的意义和价值

本案例开展的意义为通过一个又一个科学家前辈们鲜活的事例,使同学们了解到实践在科学探索上的重要性。实践是检验真理的唯一标准,科学家们从实践中检验真理的有效性和科学性,并在实施的过程中,锲而不舍,勇于探索,最终为世人揭示事实的真相,攻克一个又一个医学难题,为受病患所累的千万百姓带来福音。

(二)主要成效和特色

医学学科的特点就是需要大量的医学实践,要自己亲自操作。本案例通过一系列诺贝尔奖获得者的事例,提高同学参与医学实验的兴趣,提高其参与度,使同学们具备基本的医学素养,为以后的工作和学习打下基础。本课程在每节课上都设计和安排与课程知识点相对应的医学实验,让同学们自己操作和练习,通过自己实验的结果来推导出结果。例如检测心率、血压等小实验,简单易行,可以在课堂上进行操作。同学们通过这些小实验的操作,大概了解实验操作的一些原理、流程和规范,为以后的工作和实践打下基础。

案例25 人体机能替代装置与"上海精神"

一、所属课程

人体机能替代装置

二、教学目的

(一)课程教学目标

"人体机能替代装置"是一门重要的专业课程,研究4类典型的人体机能替代的综合性医疗设备,如血液净化设备、人工心肺机、呼吸机、麻醉机的基本原理、重要结构和临床应用,进一步扩展至相关新设备在设计制造、开发创新中的新技术和新趋势。培养学生对此类设备知识的全面掌握,激发探索研究新技术的兴趣,提升学习和实践基本能力。

(二)思政育人

1. 设计思路

在2020年全国人民共同抗击新冠肺炎疫情的战斗中,以人工心肺机、血液透析机、呼吸机为典型代表的人体机能替代装置体现出无可替代的重要性,上海医生护士们、众多的医疗设备生产和制造企业也纷纷加入,各行各界的人士都奉献出无私的爱和行动力。通过上海的医生和企业具体的实例,引发学生深入思考,"上海精神"是如何发挥重要作用的,学生时代该如何传承这样的精神?从这些事例中可以看到哪些机遇和挑战?

实例1 2020年"最美医生" 92岁丁文祥教授与中国首台小儿人工心肺机

事例陈述: 2020年8月19日第三个"中国医师节"到来之际,92岁的上海交通大学附属上海儿童医学中心心胸外科丁文祥教授荣获2020年"最美医生"光荣称号，60载深耕填补我国多项技术和设备空白。20世纪50年代，当小儿外科在西方迅速发展时，丁文祥主动求变，仅靠一本辗转得来的英文专著《小儿外科学》，从泌尿外科开始摸索，从头到脚每一个专科系统的手术都从对应的成人专科学习，从而在小儿外科下建立相应的子专业。60年代，各子专业基本健全，成为全国门类最齐全的小儿外科。

1974年丁文祥组建我国首个小儿心胸外科，这是难度更大的分支，而国家尚处在非常时期：文献查询难，引进进口设备更是天方夜谭。丁文祥把目光投向了与新华医院毗邻的上海电表厂，和工程师们一起画图纸、建模型、做实验、测性能……功夫不负有心人，中国首台小儿人工心肺机（图25-1）终于问世了。在该设备等必要设备的辅助下，70年代中期，丁文祥团队为一例出生18个月、体重10kg的患儿成功地施行了深低温体外循环下室间隔缺损直视修补术，开创了国内婴幼儿深低温心内直视手术先河。他设计并监制的首套24件小儿心脏手术专用器械等，也被国内外同行广泛应用并称赞，被冠以"丁氏"器械之名。

图25-1 中国第一台小儿人工心肺机问世

1998年6月1日中美合作在上海建立的高标准、现代化的儿童医院，暨现在的上海儿童医学中心，在丁文祥的不辞劳苦地奔波辗转中诞生。经过20多年的发展，上海儿童医学中心的心脏中心已经成为全球规模最大的婴幼儿与儿童心脏诊治中心之一，也成为我国儿科学界中一张闪亮的名片。

精神提炼：丁文祥教授不简单的60载职业生涯，不仅体现在他高超的医术、用实际行动践行的"敬佑生命、救死扶伤、甘于奉献、大爱无疆"的崇高精神，而且体现了不断勇攀医学高峰，将医学、科学和工程技术紧密结合的先进思想，才能使中国的儿科事业成长和发展。从中国首台小儿人工心肺机到首套24件国产小儿心脏手术专用"丁氏"器械，为生物医学专业领域做出了贡献，体现了医工结合的优越性，值得我们学习和深思。

实例2　上海唯一有创呼吸机生产线"重启"

事例陈述：新冠肺炎疫情蔓延全球之际，呼吸机成了紧缺医疗物资。据工信部介绍，我国共有有创呼吸机生产企业21家，其中8家主要产品获得欧盟CE认证，周产能约2200台，占全球产能约五分之一。上海医疗器械股份有限公司是其中一员，医疗设备厂拥有上海唯一一条有创呼吸机生产线。它屡次在抗击SARS、救援汶川大地震的行动中担纲"主力"，但是由于效益和市场的问题，几经停产，这一次为了全球抗"疫"，重启生产线。

呼吸机分有创和无创两种。有创呼吸机是一种人工机械通气装置，能实现肺内气体交换，辅助或控制患者的自主呼吸运动，使患者逐步恢复自主呼吸功能。之所以称为"有创"，是因为这种设备要通过口、鼻气管插管或气管切开方式连接，用于救治重度呼吸衰竭患者。无创呼吸机则通过口鼻面罩、鼻罩、全面罩等方式连接，用于治疗轻中度呼吸衰竭患者。有创呼吸机以构造复杂、对精密度和可靠性要求高而著称，新冠肺炎患者救治所急需的主要是有创呼吸机。

医院重症监护病房（ICU）常用的有创呼吸机由主机、呼吸气路管路、湿化器、机械手等部分组成。其基本工作原理是：外界空气或混合入低压氧气的空氧混合气体经过过滤器被吸入气缸；气缸由电机驱动活塞来完成吸气和供气过程，根据设定的通气模式和频率、吸气时间、潮气量等数据来给患者供气；电磁比例阀用来控制患者的呼气；呼气阀末端的加热器用来加热患者呼出的气体。

一台呼吸机有上千个零部件，不少零部件供应商在国外，受疫情影响，企业想大规模增产并非易事。呼吸机的核心部件包括传感器和电机。传感器用来监测病人的呼吸频率、血氧含量等各种生理指标，把信息实时传输到主机。主控单元的电机是执行者，被称为呼吸机的"心脏"，驱动呼吸机按特定节拍运行，与病人的生理指标相匹配。

"SC-5"有创呼吸机的电机，因为海外疫情，德国进口电机无法供应而延期交货，急需一批呼吸机驱动电机。在上海市科委、国资委等部门的牵线下，中国电子科技集团公司第二十一研究所（微特电机领域的"国家队"）下属誉盈光电公司凭借深厚的技术积累，仅用3天时间技术攻关，就研制出无刷直流电机减速机组样机，经测试各项指标全部达标，且某些性能还略胜一筹，让呼吸机装上了国产小电机。上海药监部门同步进行复产指导，开通绿色通道加快检测，对更换零部件后的产品质量进行全面控制。

呼吸机上的MEMS（微机电系统）传感器主要有气体流量传感器、血氧传感器和压电薄膜传感器。其中部分传感器尚无高质量的国产产品。近年来，我国传感器技术和产业发展速度很快，国产呼吸机缺"芯"局面有望在数年内得到突破。在上海市区两级政府出资、中科院上海微系统研究所建设的上海微技术工业研究院聚焦传感器领域，已孵化出多种产品。

精神提炼：有创呼吸机因其特点，关键零部件依赖进口设备，无论是MEMS传感器和主控电机都对我国的传感器技术和产业、微特电机领域提出挑战。上海医疗器械股份有限公司医疗设备厂的一批有担当的工程技术人员，联合高水平的科研院所，主动解决面临的困难。

2. 思政育人目标

(1) 了解上海在医疗器械和设备制造领域的特殊贡献,培养自豪感;
(2) 认识我国医疗器械和设备制造技术所面临的瓶颈,树立责任感;
(3) 学习先进人物和技术团队的拼搏精神、专业创新精神;
(4) 树立为国产化医疗器械和设备的事业而努力的目标。

三、教学实施过程

事例陈述→分析讨论→联系课程→专业启迪→努力的方向

采用线上任务点的课程资料预学,布置问题调研,鼓励学生发掘更多的案例进行分享,线下课堂研讨,师生互评。这样的教学组织形式促进师生互动和生生互动,避免枯燥。

四、教学效果

(一)案例开展的意义和价值

从上海的医学领域和医疗器械生产领域的两个真实案例,让学生从中体会事例所展示的精神和风貌。进一步思考在新时代条件下,对生物医学工程专业发展的启示,激励学生责任感和创新精神,树立为医疗器械和设备的事业而努力的信心。医疗器械生产领域和制造领域面临关键部件依赖进口的困局,国产化替代程度有待提高,这是生物医学工程专业面临的挑战,也是机遇。

(二)主要成效和特色

身边的先进人物和技术团队的实例说服力较强,经学生自我思考获得的启示,更易获得共鸣,对今后的学习和职业生涯也具有一定的指导意义。两个真实案例中医学教授对医疗设备制造领域的跨界贡献,企业和科研单位的强强联手,激发学生科研报国的担当精神和脚踏实地的奋斗精神。

案例26　医疗设备与器械的安全问题

一、所属课程

医用电气安全技术

二、教学目的

(一)课程教学目标

医疗设备和器械对医学发展做出了巨大的推进，但是如果使用不当，它们会而且确实造成医疗事故和人身伤害。所以医疗设备和场所安全性的要求始终贯穿课程教学中。收集整理、分析总结医疗环境中的安全事例可以成为教学的良好方法，案例讨论可以扩展至相关新设备在设计制造、开发创新中的新技术和新趋势，从而激发学生探索研究新技术的兴趣，提升实践能力。

(二)思政育人

1. 设计思路

随着生物医学工程技术迅猛发展，医疗设备和器械也快速更新换代并广泛应用于临床，医疗设备和器械使用和质量引发的医疗纠纷呈上升的趋势，安全使用则是保障患者安全和提高医疗质量的重要环节。

通过医用电气设备安全新标准和抗疫过程中医用室环境消毒防范的事例，引发学生们深入思考，在医疗设备和器械相关国际法规不断更新，全球疫情持续变化的复杂环境中，"健康中国"战略如何推进实施，作为新一代生物医学工程专业人员，应该如何推动医疗设备和器械的国产创新需求,切实保证人民群众的生命安全?

实例1　医用电气设备安全标准的颁布和执行

事例陈述：2020年4月9日新颁布了 GB 9706.1—2020《医用电气设备　第1部分：基本安全和基本性能的通用要求》,将在2023年5月1日执行。它在直观的名称和内容篇幅上都有很大的变化,从一般安全转变为基本安全、必要性能;最大的革新是安全理念的变化,扩大了安全的范围和概念,从传统的指标检测转变为风险分析,引入了风险管理的流程;具体条款也有变化,包括新增、细化、降低的条款。

"医用电气安全技术"课程紧跟标准的变化,图文归纳国家标准和 IEC 等同标准的转换关系（图26-1）,循序渐进地引导学生对核心知识点（医用电气设备防电击类型、防电击程度的分类等）的学习,补充相应的风险管理方法和相应的标准 YY/T 0316—2016《医疗器械　风险管理对医疗器械的应用》。

通过对比学习,国内外标准及其更新迭代,加深理解标准发展,补充新的分析方法,建立先进的设计思想和系统管理理念,增强了自信心,增加了紧迫感和责任心,为高性能医疗器械设计研制做好学习和实践能力的准备。

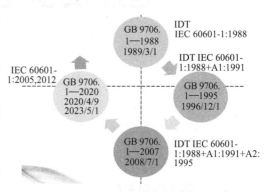

图 26-1　GB9706.1的发展概述

精神提炼：医疗设备和器械的通用安全不断变化中,对学生适应、学习新知识提出高要求,学生共同研讨新标准的变化、最大革新理念及所需具备的新知识,这样的新起点、新要求激发大家的学习兴趣和动力。

实例2　影像设备检查室的感控——医疗场所多种消毒设备的对比讨论

事例陈述：设置提问环节,引起医疗设备和器械安全事故的因素有哪些?答案中包含细菌和微生物感染带来的危险。虽然不是电气安全的问题,也不容小觑。

2020年新冠肺炎疫情在山东省青岛的一次小规模复发,引起各界关注,首先发现了6例确诊病例、6例无症状感染者,是何原因引起的呢?经国家和青岛市卫生健康委员会的联合调查,发现上述病例均与青岛市胸科医院高度关联。建立完善的医院感控体系,对院内高风险科室和设备加强风险控制,定是与疫情长期作战的必然要求。从技术上,CT设备作为新冠筛查的第一线工具,确实存在一定的传染风险。这样的安全案例时时刻刻发生在医院范围内,也是安全学习的范围,不得不引起重视,请问这样大型的医疗设备该如何彻底消毒和感控呢?

较为普遍采用的影像设备消毒方法不仅消毒时间长,消毒步骤繁琐,严重影响检查效率及设备利用率,而且增大了医护人员的职业暴露风险,可以说是造成了极大的人力资源、时间资源的浪费。经调研整理出以下几种不同的消毒方案。

(1) 定制化紫外线阵消毒法

紫外线消毒技术是基于现代防疫学、医学和光动力学的基础上,利用特殊设计的高效率、高强度和长寿命的 UVC 波段紫外光照射（杀菌作用最强的波段是 250~270nm）,利用适当波长的紫外线能够破坏微生物（细菌、病毒、芽孢等病原体）机体细胞中的 DNA

(脱氧核糖核酸)或RNA(核糖核酸)的分子结构,造成生长性细胞死亡和(或)再生性细胞死亡,达到杀菌消毒的效果,适用于室内空气、物体表面和水及其它液体的消毒。

在CT、MRI检查室等专用的医疗诊察场合,消毒空间范围大、表面积不规则、设备存在内部空间、消毒时间长影响设备使用效率、环境内存在强磁场等特殊问题。目前较为普遍采用的影像设备消毒方法为:在无人状态下采用紫外线消毒机对房内空气连续照射30分钟,再继续开窗或通风管道通风30分钟以上,以排出紫外线灯所制造的臭氧。这种方法不仅消毒时间长,步骤繁琐,且不能确保设备的每个死角都被全方位消毒。

另外传统放射科内通常采用一次性床单覆盖检查床的形式来避免患者之间的交叉感染,这种形式通常会伴随很多潜在问题。首先,一次性床单无法覆盖患者可能接触到的所有位置,患者之间仍然存在交叉感染风险;其次,在实际工作过程中很难保障一次性床单的及时更换。并且,一次性铺巾的更换仍然需要医护人员完成,职业暴露风险依然存在。

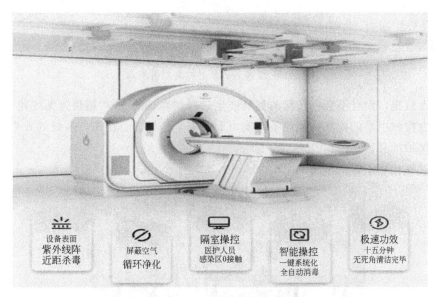

图26-2 CT定制化消毒方法

图26-2中朗润医疗推出的影像设备定制化消毒方案可以较完美解决这些问题。医护人员只需隔室操控,感染区内0暴露,只需要一个按键,即可隔室完成所有的消毒,避免了患者间的交叉感染及医护人员的职业暴露风险,保障了医护人员百分百的零感染风险。

利用空间可伸缩结构,实现多维度、多根紫外线灯管的排布,对设备表面采用空中立体上下、左右、内外的紫外线灯阵列,包括深度空间内,采用高强度、深紫外线灯近距离、全覆盖式照射(如图26-3所示)。所有患者可能接触到的地方,包括检查床及检查床两侧、检查孔径内以及整体机架正面和侧面,均有紫外线灯直射覆盖,保障了设备表面绝对无死角的消毒。

按照国家卫生部颁布的《消毒技术规范》规定,在消毒的目标微生物不详时,照射剂量不应低于10万微瓦。依据紫外线照射剂量=辐射强度×照射时间的公式,便不难得出常规紫外线灯进行设备表面消毒,需要连续照射24分钟以上(且仍可能存在死角)。而朗润医疗的高强度紫外线灯阵,循环净化,仅需要不到13分钟即可达到常规紫外线灯半个

图 26-3　全覆盖式紫外线灯照射消毒

小时的消毒效果，而且不会有任何的臭氧产生，做到真正的 360° 超快速无死角全面消毒。经过第三方检测中心的检测，该设备确实可起到安全、便捷、快速、高效的效果，是疫情下的医患保护的利器。

（2）过氧化氢干雾消毒法

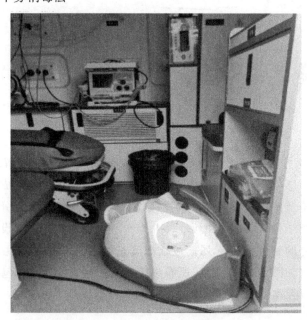

图 26-4　过氧化氢消毒机

过氧化氢（H_2O_2）是一种强氧化剂，无色无味的透明液体。过氧化氢是天然存在的一种化学物质，存在于空气和水中，光照、闪电和微生物均可产生过氧化氢。过氧化氢溶于水，就成了人们常说的双氧水。早在18世纪，人类就发现并开始使用双氧水，在食品工业中，过氧化氢主要用于软包装纸的消毒、罐头厂的消毒、奶和奶制品杀菌、面包发酵、食品纤维的脱色等，同时也用作生产加工助剂。此外，在饮用水处理、纺织品漂白以及造纸工业、医学工业、家用洗涤剂制造等领域，双氧水也都发挥着重要的作用。

图 26-4 是法国奥法姆公司的过氧化氢消毒灭菌系统，拥有自主研发的 NOCOTECH 自动化干雾物表消毒技术，由过氧化氢消毒机（NOCOSPRAY 2 和 NOCOMAX）和原厂生产的过氧化氢消毒液（NOCOLYSE）组成，用于空间和物表消毒，可有效杀灭病毒、细菌、真菌、芽孢等病原体，广泛应用于医院、急救中心、疾控中心、实验室等领域。通过一段在病房中使用的视频，了解这种消毒方法的操作步骤，理解消毒原理，对比紫外线消毒方法，整理出各自的特点，适合的场所。

(3) 医用室的消毒方法对比和标准讨论

针对所举案例进行分析，充分了解医院室内空气分类、消毒方法及质量控制标准是非常必要的，如表 26-1 所示。

遵循标准是 2017 年 6 月 1 日实施的《医疗机构环境表面清洁与消毒管理规范》。过氧化氢气化、高强度紫外线皆属于新的消毒方法，与传统的医院消毒方法相比，物体表面消毒新方法可以节省消毒溶液配制与清洁工具复用的时间，杜绝误配事件，并减少清洁与消毒过程的交叉污染。

表 26-1　医院室内空气分类、消毒方法及质量控制标准

环境	范围	消毒方法	控制标准
Ⅰ类环境	层流洁净手术室和层流洁净病房	层流通风	1. 空气中的细菌总数≤10cfu/m³。 2. 物体表面的细菌总数≤5cfu/cm²。 3. 工作人员手细菌总数≤5cfu/cm²，并未检出金黄色葡萄球菌、大肠埃希菌、铜绿假单胞菌为消毒合格。 4. 皮肤黏膜细菌总数≤5cfu/cm²，并未检出致病菌为消毒合格。
Ⅱ类环境	普通手术室、产房、婴儿室、早产儿室、普通保护性隔离室、供应室无菌区、烧伤病房、重症监护病房	1. 循环风紫外线空气消毒器； 2. 静电吸附式空气消毒器	1. 空气中的细菌总数≤200cfu/m³。 2. 物体表面的细菌总数≤5cfu/cm³。 3. 工作人员手细菌总数≤5cfu/cm²，并未检出金黄色葡萄球菌、大肠埃希菌、铜绿假单胞菌为消毒合格。 4. 皮肤黏膜细菌总数≤5cfu/cm²，并未检出致病菌为消毒合格。
Ⅲ类环境	儿科病房，妇产科检查室，注射室、换药室、治疗室、供应室清洁区、急诊室、化验室、各类普通病房和房间	1. 循环风紫外线空气消毒器； 2. 静电吸附式空气消毒器； 3. 臭氧消毒； 4. 紫外线消毒； 5. 熏蒸或喷雾消毒（过氧乙酸；过氧化氢复方空气消毒剂；季铵盐类消毒液；中草药空气消毒剂喷雾消毒）	1. 空气中的细菌总数≤500cfu/m³。 2. 物体表面的细菌总数≤10cfu/cm²。 3. 工作人员手细菌总数≤10cfu/cm²，并未检出金黄色葡萄球菌、大肠埃希菌为消毒合格。 4. 皮肤黏膜细菌总数≤10cfu/cm²，并未检出致病菌为消毒合格
Ⅳ类环境	传染病科及病房	1. 静电吸附式空气消毒器； 2. 臭氧消毒； 3. 紫外线消毒； 4. 熏蒸或喷雾消毒（过氧乙酸；过氧化氢复方空气消毒剂；季铵盐类消毒液；中草药空气消毒剂喷雾消毒）	1. 物体表面细菌总数≤15cfu/cm²。 2. 工作人员手细菌总数≤10cfu/cm²，并未检出金黄色葡萄球菌、大肠埃希菌。 3. 皮肤黏膜细菌总数≤10cfu/cm²，并未检出金黄色葡萄球菌、大肠埃希菌为消毒合格

精神提炼：面对复杂多样的医疗场所和严格完备的消毒灭菌要求，多样化的消毒设备

应运而生，不仅为医疗卫生事业做出了贡献，也对专业学习提出了挑战。需要结合物理化学、医学、机械工程、计算机控制等多方面综合性知识结合，才能应对复杂的、多样性的需求，需要进一步提高专业素养、培养团队精神。尤其CT检查室中紫外线消毒设备的设计安装中运用的机械结构（多空间的消毒实现），自动化控制方法结合计算机遥控操作（隔室操作），这些内容对教学和学习的启发意义很大。

2．思政育人目标

了解医疗设备的关键标准的更新和设备使用过程的安全问题，提高专业性；

认识我国在医疗器械和设备使用过程面临的安全问题，树立责任感；

树立为国产化医疗器械和设备的事业而努力的目标。

三、教学实施过程

事例陈述→分析讨论→联系课程内容→专业启示

采用线上任务点的课程资料预学，布置问题调研，鼓励学生发掘更多的案例进行分享，线下课堂研讨，师生互评。这样的教学组织形式促进师生互动和生生互动，避免枯燥。

四、教学效果

（一）案例开展的意义和价值

从医用电气安全新标准的颁布和执行与多种医疗场所消毒方法讨论的两个案例，进一步思考在新起点、新时代下，生物医学工程专业发展的趋势。针对标准化略有滞后、程度不高的问题，如何更好地适应生物医学工程专业的新标准、应对新问题，需要具备更多的创新精神，树立为医疗器械和设备的事业而努力的信心。这是生物医学工程专业面临的挑战，也是机遇。

（二）主要成效和特色

生物医学工程专业的标准发展和实际的临床需求的案例说服力较强，经学生们自我思考获得的启示，更易获得共鸣，对今后的学习和职业生涯也具有一定的指导意义。《中国制造2025》十大领域中明确提出研制高性能医疗器械，必将大力推动国产医疗设备和器械的创新需求。新起点、新高度形势下，生物医学工程专业的发展将迎来一次巨大的进步。

案例27 医用检验领域的创新精神与科学精神

一、所属课程

医用检验仪器

二、教学目的

(一)课程教学目标

通过"医用检验仪器"的学习,使学生了解和掌握目前临床上常用的各类检验仪器的基本工作原理、主要结构、电路分析和使用方法等。旨在为学生日后从事相关工作打下必要的基础。

(二)思政育人

1. 设计思路

通过 PCR 和 POCT 技术原理及应用,融入上海理工大学庄松林院士团队及国内其他高校和公司新冠病毒检测技术研发事迹,告诉学生要认真学好专业基础知识,同时培养独立、创新的科学精神。

2. 思政育人目标

培养学生创新精神及科学精神。

三、教学实施过程

(一) 介绍 POCT 和 PCR 技术及应用

POCT 是 Point of CareTesting 的简称，含义为即时检验，指在现场利用便携式仪器及试剂进行快速检验的方式。POCT 的基本原理是把传统方法中的相关液体试剂浸润于滤纸或各种微孔膜中，并将其整合并形成干燥的诊断试剂条或试剂卡；同时将传统分析仪器微型化，操作方法简单化，使之成为便携式设备。POCT 应用范围愈加广泛，从最初的检测血糖、妊娠扩展到监测血凝状态、心肌损伤、酸碱平衡、感染性疾病等；应用的场所从事故现场、家庭，延伸到了病房、门诊、急诊、监护室、手术室甚至海关、社区保健站、私人诊所；应用的领域也已经从临床扩展到食品卫生、环境监测、毒品检测等。

PCR（Polymerase Chain Reaction）即聚合酶链式反应，是指在 DNA 聚合酶催化下，以母链 DNA 为模板，以特定引物为延伸起点，通过变性、退火、延伸等步骤，体外复制出与母链模板 DNA 互补的子链 DNA 的过程，并在食源病原微生物检测、临床病原微生物检测等领域广泛应用。

(二) 上海理工大学及其他国内单位在 POCT 及 PCR 技术上取得的进展

(1) 2020 年 3 月上海理工大学庄松林院士牵头组织和承担的中国工程院新冠肺炎疫情防控专项"烈性病原核酸全程柔性检测单元及系统"项目获得立项并顺利通过第一次进度考核。该国家专项由上海理工大学牵头承担，上海交通大学医学院附属瑞金医院、上海纽钛测控技术有限公司、昆山上海理工大学光电信息应用技术研究院有限公司、浙江大学医学院附属第一医院、广州医科大学附属口腔医院、上海星耀医学科技发展有限公司等单位协同参加。核酸检测流程一般由几个步骤完成：样本采集及处理工作主要由第一线的医护人员、疾控工作人员完成；后续的样本制备、核酸提取、PCR 体系构建、PCR 实时荧光定量步骤必须在 P2 防护等级以上的四个隔离实验室由检验人员手动进行，使得医护人员的工作量及被感染的概率大大增加，同时由于人工的操作，也增加了检测的不确定度及时间长度。为此，该国家专项研发的全自动无人工干预的柔性检测系统（图 27-1），解决了核酸检测仪器与全自动、快速检测需求之间的突出矛盾。

(2) 新型冠状肺炎疑似患者确诊主要依赖试剂盒检测法，这种检测试剂盒基于对人体咽拭子、血液、肺泡灌洗液等疑似病例样本进行病毒物质含量检测。如果样本中的指定病毒物质含量超过某个临界值即为阳性结果，代表病人已被感染；反之则为阴性，代表病人未被感染。

新型冠状病毒疫情暴发后，SBC 生物芯片上海国家工程研究中心旗下上海芯超生物科技有限公司（以下简称"芯超生物"）在进行新型冠状病毒（2019-nCoV）核酸检测试剂盒研制的同时，开展了 POCT 快速检测试剂盒"新型冠状病毒（2019-nCoV）抗体检测试剂盒（胶体金免疫层析法）"（图 27-2）的研发工作。

新型冠状病毒（2019-nCoV）核酸检测试剂盒需要在 PCR 检测平台进行检测，有很

案例 27　医用检验领域的创新精神与科学精神

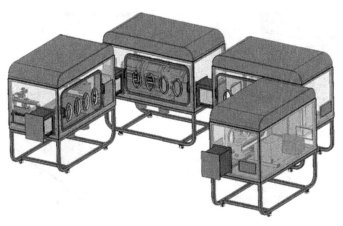

图 27-1　核酸全程柔性检测单元及系统示意图

高的技术门槛，需要配备专业实验室、专用仪器和技术人员。芯超生物研制成功的 POCT 快速检测试剂盒，运用免疫胶体金层析技术，实现对人体血清、血浆或全血中新型冠状病毒 IgM/IgG 抗体的体外定性检测，加样后 15 分钟内就可以观察结果。有效地解决了这一难题，可以方便快速地用于该病毒感染在社区卫生服务中心、基层医院以及家庭的早筛早诊，不但增加检测和诊疗的时效性，而且可以有效防止广大群众在大型医院密集检查而导致的交叉感染。

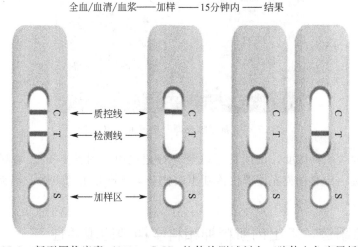

图 27-2　新型冠状病毒（2019-nCoV）抗体检测试剂盒（胶体金免疫层析法）

（3）西北工业大学联合厦门宝太生物科技有限公司成功研发试制出新冠肺炎即时检测（POCT）试剂盒，旨在助力新冠肺炎的快速检测（图 27-3）。

相较于核酸检测条件的苛刻、繁琐与耗时，这种新冠肺炎即时检测（POCT）试剂盒采用类似试纸条检测的形式——胶体金检测卡（图 27-4），只需一滴外周血即可在数分钟内凭肉眼判断出结果，确定人体内是否产生特异性 IgM 或 IgG 抗体，特别适用于疫情暴发时大量疑似病例的快速初筛。该试剂盒不仅方便采集，还大大降低了采集人员的感染风险，同时也避免了大量实验室检测的复杂程序，节省了时间，提高了检测效率。

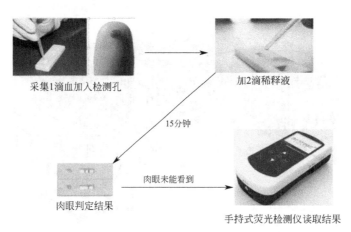

图 27-3　新冠检测流程图

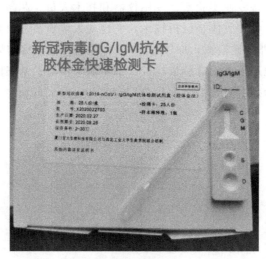

图 27-4　新冠肺炎即时检测卡（POCT）

为了提高检验的灵敏度，该项目还以荧光标记抗原，制备 POCT 检测卡。条件较好的医务站点可进一步通过荧光读卡仪诊断出胶体金未能检测出的患者，最大限度提高检测的准确性。

（三）结合事迹，点出创新精神和科学精神的重要性

工欲善其事，必先利其器，创新精神及科学精神则是检测技术的磨刀石。庄松林院士是我国著名的光学专家，在科研上创造了很多奇迹。长期从事应用光学、光学工程和光电子学的研究，设计了百余种光学系统及仪器，是国内率先开展光学系统 CAD 的研究者。主持完成了国内最大的光学仪器设计软件系统，在统计试验总极值最优化方法及公差的非线性模型等方面取得独创性成果。在光学像心理物理实验研究方面开展了国内首创性的工作。他对非相干光学信息处理及彩虹全息技术作了全面系统的研究，被誉为"现代白光信息处理的主要贡献者之一"。疫情期间，庄松林院士也不曾停下脚步，率先垂范，带领团队人员在教学和科研上攻坚克难，彰显了自己的责任与担当。随着国内疫情防控形势逐渐

稳定，庄松林带领团队人员赴上海交通大学医学院附属瑞金医院，就抑郁症等精神疾病的光学疗法课题与医生们进行深入的探讨，为疫情之后产生心理后遗症的人群献上自己的一份力量。

四、教学效果

(一)案例开展的意义和价值

以上海理工大学庄松林院士团队开发新冠检测仪器及国内其他高校和公司的新冠病毒检测技术研发事迹感动学生，培养学生的创新精神与科学精神。

(二)主要成效和特色

课后，通过超星平台或者 QQ 及微信等，回答学生们的相关问题，为大家解答疑惑，让学生对本课程感兴趣，同时培养学生的爱国热情和独立思考问题的能力。

案例28 医疗器械监督管理条例教学中的思政教育

一、所属课程

医疗器械监督管理条例

二、教学目的

(一)课程教学目标

"医疗器械监督管理条例"是生物医学工程专业的一门专业课程。该课程的主要内容为国家在医疗器械监督管理领域颁布的相关法律法规,涵盖医疗器械分类规则、医疗器械注册管理、生产及经营监督管理、召回管理等。课程开设目的:使学生学习了解国家医疗器械监督管理法规,通过该课程的学习,了解医疗器械质量监督、质量认证、产品注册、产品生产和经营及使用等内容。

(二)思政育人

1. 设计思路

医疗器械监管立法及不断完善的过程与我们国家整个法律体系的建设过程息息相关。在课程教学过程中,融入思想政治教育相关内容,寓政于教。

2. 思政育人目标

使学生在获取知识培养技能的同时,培养政治认同感、国家意识、风险安全意识,引导学生努力养成完善的人格以及社会责任感。

三、教学实施过程

1. 比较国内外医疗器械监管法规

美国1976年通过《食品、药品和化妆品法》修正案，加强了对医疗器械进行监督和管理的法规，并确立了对医疗器械实行分类管理的办法；1990年签发了《医疗器械安全法》，对医疗器械不良事件报告、跟踪随访等方面提出要求，在质量体系规范中增加产品设计要求，明确医疗器械、药品和生物制品之间相互结合产品的要求及重新明确电子产品的放射卫生要求；美国FDA在1987年公布了《医疗器械规范》且在1997年公布了新的GMP规范，并改名为质量体系规范，该GMP规范与国际标准化组织（ISO）的9001标准更加接近。美国是最早使医疗器械管理走上法制化管理的国家，但由上述立法过程可见，其法律体系经历了漫长的修改及完善过程。由此，学生便可深刻理解我国《医疗器械监督管理条例》及其配套规章改版的重要性及必要性。

在欧共体未统一市场以前（即在1990年以前），欧共体各国各自立法管理本国的医疗器械。为了适应欧共体统一市场的需要，欧共体委员会（EM）从1988年就开始讨论欧共体医疗器械管理法规。产品上市前审批在欧共体是统一的。按欧共体的指令，各生产企业必须到欧共体通知授权机构注册，由通知授权机构负责审查；通过审查后，发给注册证明，贴上CE标志，才可以进入欧共体各成员国市场。1990年发布"AIMD指令"，要求所有活性植入医疗器械在1990年6月20日开始注册。1993年发布"MDD指令"，要求除了有源植入医疗器械以外的所有医疗器械在1993年开始注册。1998年发布"IVDD指令"，要求体外诊断试剂和仪器在1998年开始注册。由此可见，跟美国类似，欧盟医疗器械监管立法也经历了不断完善的过程。通过中外对比使学生认识到：医疗器械监管方面的法律体系仍有待进一步优化和完善。另外，我国制定了医疗器械分类规则，编制了医疗器械分类目录，并根据风险反馈对目录进行不断更新。与欧盟相比，我国在医疗器械分类管理方面的做法可操作性更强。通过中欧对比，可以培养学生的风险安全意识，使其深刻理解我国医疗器械按风险程度进行分类监管的必要性及重要意义；并使其意识到我国在某些方面甚至优于美欧，培养其民族自信心和自豪感。

2. 对比我国医疗器械监管新旧条例

与旧版《医疗器械监督管理条例》（以下简称《条例》）相比，我国2014年通过的新版《条例》明确将一类医疗器械由注册管理改为备案，二类、三类医疗器械继续实行注册，做到分类管理，宽严有别，可将有限的监管资源用于高风险产品监管。旧版《条例》规定二类、三类医疗器械均需进行临床试验。新版《条例》借鉴了国际经验，规定工作机理明确、设计定型、生产工艺成熟、已上市的同品种医疗器械临床应用多年且无严重不良事件记录，不改变常规用途的产品等3种情形可免于临床试验，可节省生产企业临床试验时间，降低其研发成本。旧版《条例》规定境内医疗器械企业应先取得医疗器械生产企业许可证，再进行产品注册申请。新版《条例》鼓励医疗器械的研究与创新，发挥市场机制的作用，促进医疗器械新技术的推广和应用，明确实施"先产品注册，后生产许可"的新监管模式。可减少生产企业浪费，有利于激发其产品创新的积极性。新版弥补了旧版监管重审批、轻监管的弊端。强化生产企业责任，要求其建立健全质量管理体系且保证体系有效运行；强调了经营企业应建立进货查验及销售记录制度；明确了使用单位对医疗器械安全管理的义务；明确提出建立医疗器械不良事件监测、上市后再评价、召回等制度。通过新、旧版对比，使学生深入理解：我国对《条例》进行改版，旨在提升医疗器械风险管控能力，形成全过程无缝隙监管体系；《条例》的改版是党中央、国务院从广大人民群众的身体健康和生命安全出发所做的明智决策。

自2014年以来，除《条例》外，医疗器械注册、生产及经营监督、召回管理办法等配套规章也相继改版。通过解读新版《条例》及分析"健康中国2030"会议精神，引导学生认识到：医疗器械监督管理条例及其配套规章制度的颁布及改版是我国采取的有力保障措施，最终目的都是为了保证广大人民群众的身体健康与生命安全。

3. 结合最新信息分析医疗器械监管现状

鼓励学生浏览国家市场监督管理总局官方网站最近一两年公布的医疗器械企业检查通报、医疗器械召回通知、国家医疗器械不良事件监测年度报告等信息，使学生了解我国医疗器械监管法律的执行现状，客观分析现存的问题。在此基础上，鼓励学生展开小组讨论，探讨有助于解决这些问题的策略措施。例如通过对比我国现行医疗器械不良事件监测和再评价管理办法及其征求意见两者的差异，联合分析近两年的国家医疗器械不良事件监测年度报告。引导学生在培养自信心和自豪感的同时，了解我国医疗器械不良事件监测的现状及我国政府在不良事件监控与防控方面所做努力及取得的成果。通过解读现行医疗器械召回管理办法并联合分析若干医疗器械召回案例，使学生了解我国政府对缺陷医疗器械相关企业处理的强大信心与决心，借此引导学生努力培养完善的人格，培养责任感。

四、教学效果

(一)案例开展的意义和价值

与以往单纯地解读《医疗器械监督管理条例》相关条文＋案例分析相比，实行"课程思政"教学改革以来，由于在授课过程中有意识地穿插介绍、分析国家相关政策、条文改版、国情背景等内容，学生对条文内容理解程度加深。

(二)主要成效和特色

作为法规类课程，"医疗器械监督管理条例"课程本身比较枯燥。实行教学改革以来，学生不仅对课程内容兴趣度提高，而且对相关国情背景、国际形势关注度有所提高，表现出一定的求知欲。

案例29 移动医疗领域的爱国与创新精神教育

一、所属课程

移动医疗应用程序设计

二、教学目的

(一)课程教学目标

移动医疗就是通过使用移动设备——例如PDA、智能手机等来提供医疗服务和信息。随着智能手机的普及,目前面向普通用户的移动医疗产品得到了快速发展。本课程介绍移动医疗领域的程序设计技术,以智能手机中的Android系统为平台,在此平台上使用Java语言实现多种应用。课程主要围绕可穿戴设备的应用开发展开课程的内容。通过本课程的学习,使学生掌握Android开发环境的搭建,可穿戴设备相关的多种应用开发技术。

(二)思政育人

1. 设计思路

在移动医疗概论章节主要讲授中国移动设备和移动医疗技术的发展历程,以华为等民族企业为例,讲述他们在国外技术封锁下的不屈不挠的技术革新精神以及发展世界领先的5G技术的历程,同时介绍我国移动医疗领域的发展趋势。培养学生创新创业的精神并增进民族自豪感和自信心。

2. 思政育人目标

通过移动医疗概论章节的学习不仅让学生掌握基本的移动技术和移动医疗的基本概念和发

展现状,更重要的是培养学生在艰苦环境下的奋斗意识、创新精神,同时进行爱国主义教育。

三、教学实施过程

结合课程内容,移动医疗概论章节的讲解主要分为两部分:移动技术的发展和移动医疗的现状分析。在移动技术的发展讲解中介绍移动通信技术从 1G 到 5G 的发展以及移动设备的介绍,集中引入华为公司技术创新的例子;在移动医疗现状分析中介绍移动医疗技术的概念,发展趋势以及面临的挑战。

实例1 中国研发出 TD-SCDMA 标准,跻身三大 3G 国际标准之一

国际上移动通信技术开始从 2G 到 3G 的技术升级,主要形成了两个标准,一个是欧洲的 WCDMA,另一个是美国的 CDMA2000。由于中国是最大的市场,这两种标准都拼命向中国推销,都有各自的游说者。

中国的通信技术工程研发人员,主要以原属邮电部的大唐电信科技产业集团、通信研究院为主,于 1998 年 6 月提出了中国自己的 TD-SCDMA 标准。在信息产业部的全力支持下,经过不懈的努力,2000 年 5 月终于得到国际电信联盟(ITU)的批准,挤进了三代移动通信的标准,和 WCDMA、CDMA 2000 一起,成为第三个三代移动通信标准。

虽然 TD-SCDMA 成了国际三代移动通信标准之一,但实际上基础十分薄弱,没有芯片,没有手机没有基站,也没有仪器仪表,一切都要从基础做起。和已经有深厚基础的 WCDMA、CDMA 2000 相比,还十分弱小,包括电信运营商对 TD-SCDMA 也缺乏信心。

为了使最弱小的 TD-SCDMA 标准成长起来,由大唐集团发起成立了 TD-SCDMA 联盟,争取到华为、中兴、联想等十家运营商、研发部门和设备制造部门参加进来,合力完善 TD-SCDMA 标准的推广应用。2002 年 10 月,信息产业部颁布中国的 3G 频率规划,为 TD-SCDMA 分配了 155MHz 频率。以后从 3G 到 4G,直到现在 5G 中国的标准勇立世界潮流,可以说大唐集团、通信研究院研发出 TD-SCDMA 是迈出的最关键一步。那时虽然十分弱小,但是星星之火终成燎原之势。

实例2 华为的战略选择

华为是成立于 20 世纪 80 年代末的一个民营小企业,能在不到 30 年的时间里发展成为一个在全球称雄的通信设备巨头,华为的领头人任正非以非凡的勇气几次都做出了正确的企业发展战略。

华为在成立之初任正非就雄心勃勃把目标定在当时也属十分高科技的数字程控交换机上,要知道那个时候,我们国家刚刚要从模拟式的纵横交换机发展数字程控交换机。那个时候数控交换机的著名企业是美国的朗讯、贝尔,加拿大的北方电讯,日本的 NEC。由于当时中国还不会生产数字程控交换机,这三家在中国成立了合资独资企业,而华为是个刚刚成立不久的民营小企业。那时候做出这样的选择也是要有很大的勇气和胆略的。

到了 90 年代,移动通信开始有了发展,任正非又将华为的目标定在难度更高、差距更大的移动通信设备上。那时候 3G 已经有了 WCDMA、CDMA 2000 两个国际标准,中国也研发了 TD-SCDMA 标准,每个标准都在游说中国政府采用他们标准发放 3G 牌照。国家发改委和信息产业部暂缓发放 3G 通信牌照,而加大对 TD-SCDMA 标准实际应用的

力度。华为作为制造商做出了正确的战略选择，舍得加大对技术研发的投入，终于成长为一个令同行敬畏的高科技企业。

回顾移动通信从 1G 到 5G 的发展历程，只有走联合发展的道路才是正道，靠贸易保护主义想一国独霸天下，排斥中国现在已经是行不通的了。在 5G 标准中，华为获得的专利占比达 22.93%，中国移动、中兴也获得了一些 5G 专利，中国 5G 专利数超过了美国高通。在美国权威协会发布的 5G 报告中称，排名第一的是中国！

实例 3　移动医疗之挂号网的养成

2020 年 9 月 21 日，《福布斯》中文版发布中美创新人物榜，挂号网创始人廖杰远入选。同时披露挂号网获得 C 轮 3 亿美元融资的消息。经官方证实，实际此轮挂号网的融资额为 3.94 亿美元，由高瓴资本、高盛集团领投，复星、腾讯、国开金融跟投。挂号网的巨额融资，充分体现了其发展的潜力：2010~2011 年：政策红利，起步上海；2012~2013 年：获得融资，低调发展；2013~2014 年：山重水复，转战健康领域；2014 年至今：重塑产业链，极速前进，2014 年 10 月，挂号网获得了来自腾讯产业共赢基金、复星集团、晨兴创投、启明创投共计 1.062 亿美元的融资。拿到新一轮融资的挂号网似乎找到了感觉，全力布局新产业链。布局一：成立微医集团；布局二：健康险＋商业保险；布局三：收购金象网，与复星医药深度合作；布局四：建立乌镇互联网医院；布局五：与三替集团共同出资成立"三替健康"和"微医 365"。挂号网经过几年的发展，已经逐渐打通药品、医院、医生、患者、保险五个重要节点，现在的挂号网已经不仅仅是为"挂号"而生，因此挂号网改名"微医集团"也不足为奇。随着移动互联网时代的到来，医疗行业将焕发新的生机，将有越来越多的移动医疗公司和挂号网一样，可以早日跨入"独角兽俱乐部"行列。

四、教学效果

(一)案例开展的意义和价值

随着智能手机的普及以及移动互联网的发展，在将来智能手机将会成为首选的移动医疗设备。移动医疗给医院和患者节省了大量的成本。移动医疗针对传统医疗行业的信息不对称、看病难和医患关系紧张等问题，给出有效的解决现在很多传统医疗无法解决的问题。本章节的讲解有助于学生对移动医疗领域的认识和理解，同时通过几个实例的讲解对培养学生的爱国主义思想和民族自强意识有着促进意义，同时也培养学生创新创业和艰苦奋斗的精神。

(二)主要成效和特色

通过实际的案例教学，能够潜移默化地建立学生的爱国精神和创新意识，同时通过生动鲜活的实例有助于提高学生的学习效率并提高学习积极性。

案例 30 人工智能领域求真务实的科学精神和爱岗敬业精神

一、所属课程

云计算与数据挖掘

二、教学目标

(一)课程教学目标

本课程的目的是让学生学习机器学习算法的基本原理,掌握数据分析的基础流程,学习云计算的基础知识并掌握用机器学习和云计算技术解决实际问题的能力,本门课程具有较强的实战技能。本课程侧重数据分析方法的介绍,主要培养学生利用机器学习和云计算等技术解决实际问题的能力;培养学生应用逻辑回归、朴素贝叶斯、支持向量机等技术进行数据分析的能力,并形成良好的编程习惯和团队合作精神;培养学生自主学习和创新能力,为其成长为一名合格的数据分析工程师奠定良好的基础。

(二)思政育人

1. 设计思路

通过介绍分析我国在人工智能发展领域的现状、成就、规划和瓶颈等,说明我国人工智能行业的快速进步和领先地位,增进民族自豪感和自信心;通过课程理论和实验的专业知识教学,培养学生求真务实的科学精神;同时也实事求是地分析我国人工智能行业发展过程中所遇到的困境,鼓励同学们认真学习,毕业后积极投身相关行业,爱岗敬业,为国家人工智能行业的发展做出贡献。

2. 思政育人目标

培养学生的爱国精神、民族自豪感、求真的科学精神和敬业精神。

三、教学实施过程

(一) 介绍中国人工智能行业的发展成就以增强学生民族自豪感

2017 年，我国制定了《新一代人工智能发展规划》，描绘了未来十几年我国人工智能发展的宏伟蓝图，确立了"三步走"目标：

- 到 2020 年人工智能总体技术和应用与世界先进水平同步；
- 到 2025 年人工智能基础理论实现重大突破，技术与应用部分达到世界领先水平；
- 到 2030 年人工智能理论、技术与应用总体达到世界领先水平，成为世界主要人工智能创新中心。

回顾中国人工智能行业发展的历史，首先在人工智能学术领域，中国发展势头迅猛。最近对学术搜索引擎微软学术（Microsoft Academic）收录的人工智能论文的分析显示，中国正朝着产生重大影响的方向稳步前进。这项由艾伦人工智能研究所进行的分析发现，在被引用最多的前 10% 的论文中，中国的作者比例稳步上升，此外中国人工智能领域论文的平均引用量一直在稳步增长，高于世界平均水平。从 2017 年开始上海理工大学团队与上海交大、图鸭科技合作进行基于深度学习的图像和视频压缩标准的研发经历，在与世界范围内强手的竞争中，我们本土团队展现了强大的战斗力，先后在国际人工智能顶级学术会议 IEEE Conference on Computer Vision and Pattern Recognition（CVPR）于 2018、2019 和 2020 所举办的 CLIC 图像压缩挑战赛中，力压阿里达摩院、富士通等科技巨头的研发团队，共获得了 7 项冠军（图 30-1）。

(a) CVPR 2018 图像压缩挑战赛冠军　　(b) CVPR 2019 图像压缩挑战赛冠军

图 30-1　顶级学术会议竞赛获奖证书

除了国内各大高校、百度 IDL、腾讯优图和阿里达摩院等研究机构所展示的强大学术能力外，在人工智能技术的应用和落地方面中国也走在世界前列。相比于谷歌、亚马逊等国际巨头，中国的一大优势是人口规模，这为训练 AI 系统创造了巨大的潜在高素质劳动力和独特的机会，同样也包括可收集用于训练预测疾病等各类软件的大型数据集和丰富的应用场景。正是借助中国这些所独有的优势，腾讯、百度、阿里巴巴、华为和联影等本土核心科技公司的技术实力和国际影响力日益增长，并在医疗健康、金融、安防、智能交通和无人驾驶等领域积累了丰富的应用场景和开发大量的产品。此外近年来中国在计算机视觉、语音识别和自然语言处理方面也涌现出许多世界领先的创新公司，如旷世科技、依图科技、商汤科技、云从科技等，这些都体现了我国人工智能行业发展的活力。通过给学生们介绍我国人工智能行业的发展现状和领先地位，极大地增强了他们的民族自豪感和自信心。

(二)创新教学方法以培养学生科学精神

采用了混合教学模式进行教学，构建了在线课程以补充课堂教学的不足。在线课程主要是对课堂教学工作的辅助，作为学生课堂前预习和课后复习的重要辅导材料，是将课堂教学与在线教学相结合，实现混合教学的重要方式。通过对教学内容进行筛选，教师可以将课堂上难以深入展开的教学内容，如算法公式推导、算法应用实例演示或工具的使用等，制作成在线视频供学生学习。通过这种方式，教师在教学过程中，可以在课堂上更侧重于学习易于接受的核心知识点的教学，提高教学效率和教学质量。同时通过在线课程中对辅助知识点的深入讲解，多思考学生可能遇到的问题，也有助于教师教学能力的提升；对学生而言，通过掌握好教师在课堂上讲解的核心知识点，能做到对基础知识和基础工具的掌握，这些知识对今后参与创新项目、毕业设计项目、找工作等都会很有帮助。此外通过对在线课堂的学习，能进一步拓展知识面，通过在线课堂手把手的教学方式，并结合实际的科研项目，能更好地掌握本门课程的核心知识点，同时能做到学以致用，因此在线课程建设对提升学生的学习效果有很大的促进作用。通过不断优化课程教学方法，提升理论学习和实践应用的效率，培养学生对人工智能技术的兴趣，潜移默化中培育学生求真务实的科学精神。

(三)分析我国人工智能行业发展遇到的瓶颈

芯片难，已经是共识，但在芯片设计领域，专注于人工智能方向的AI芯片却在中国呈现出跨越式发展进程。这种被称为"人工智能加速器"的芯片，被认为是未来拓展人工智能边界的关键筹码。几乎所有科技巨头都在数年前悉数入局，目前竞争已进入高潮。不同以往，中国公司在AI芯片领域与国际公司的起点并没有差太远，甚至在某些方面更具优势。中国庞大的应用场景和市场是AI芯片公司渴求的土壤。好赛道永远不缺资本，专业人士认为，AI芯片行业确实有机会，目前也出现一些不确定性因素。三年时间，有核心竞争力的公司已经能够跑出产品、推向市场，而没有场景和产品的AI芯片公司当下很难拿到专业投资机构的投资了。此外，国际上一些企业的步伐走得更快，一个新的趋势在此时开始变得清晰，当各个AI芯片公司都在比拼算力时，他们已经在思考一种全新的方向，以应对AI芯片发展的瓶颈，这种基于基础理论的底层创新，中国将有可能在未来颠覆AI芯片发展的格局。

通过实事求是地分析我国人工智能行业发展过程中所遇到的困境，鼓励学生认真学习，毕业后积极投身相关行业，爱岗敬业，为国家人工智能行业的发展做出贡献。

四、教学效果

(一)案例开展的意义和价值

以我国人工智能发展的过去、现状和将来教育学生,增加学生的民族自豪感,培养学生的创新精神、科研精神与敬业精神。

(二) 主要成效和特色

在课中和课后会和学生讨论中发现相关内容的讲解极大地激发学生们的爱国热情,同时也激发学生对人工智能技术的浓厚兴趣,纷纷表示愿意到实验室去参与人工智能项目,深入学习人工智能技术。也有学生咨询如何参加各类大学生科技竞赛,并在了解更全面信息后,已做好参赛规划并力争获得好成绩。

案例31　医疗器械自动化与工匠精神

一、所属课程

自动控制原理

二、教学目的

(一)课程教学目标

使学生能掌握经典控制理论系统建模、分析与综合的基本方法和原理,特别是系统的动态性能指标的分析与估算;线性系统稳定性的基本概念及劳斯判据;线性系统稳态误差的基本概念及计算。

(二)思政育人

1. 设计思路

通过讲解自动化技术在医疗器械领域中的应用,引导学生了解和掌握自动化技术的种类和应用程度,从而认真学习自动化技术的系统分析和设计方法,并在未来能够应用到医疗设备的研发中去。

2. 思政育人目标

培养学生精工细雕、精益求精的工匠精神。积极应用于医疗器械和核医学仪器行业,为我国医疗器械的发展做出贡献。

三、教学实施过程

1. 医疗器械自动化的优点

科学技术的发展不断推动着外科手术方式的进步，始于20世纪80年代，以腹腔镜为代表的微创技术迅速普及即为明显的例证。而近年来的手术机器人技术更是在微创的基础上，将手术的精度和可行性又提升到了一个全新的高度。自动化控制系统应用在医疗器械行业中，具备众多优势：提高生产能力、安全可靠、精准度高和专注度高等。

（1）从生产能力角度来讲，仪器设计机器人化，由原先使用人工完成的工作过程完全由仪器一次完成，由计算机控制的机械臂和数据处理分析系统能准确无误地完成各项任务，速度更加快捷。传统实验操作必须由多人对样本和试剂进行手工配制、反应结合、分析产物、判断结果，其中人员之间的配合、手工加样的快慢、反应结合等很多时间都是浪费在等待和不能交叉作业上，而自动化医疗器械产品大都具有信息自动处理和自动控制功能，自动化控制系统使机构按照实验的要求精确地执行指令动作，由于自动化器械实现了工作自动化，所以生产力大大提高。

（2）从安全可靠性来讲，自动化仪器一般都设计有信息反馈、自动诊断、报警、操作保护等功能，实验过程中遇到触底、碰撞、试剂剩余量少等会报警提示，实验人员才根据提示进行操作，避免人员在实验中过多接触传染的样本从而存在被感染的隐患，显著提高设备的使用安全性。

（3）从精准度来讲，自动化器械由于采用电子元器件，高精密滑轨、丝杆等执行元器件，每个动作具有较高的运动精度，清晰执行设定指令，仪器能自动校检，排除人为因素和非标准干扰，避免操作者主观因素的影响，从而实现最佳操作，让实验结果最大限度地不受外界因素影响，从而降低犯错概率。

（4）从专注度来讲，传统的操作方式使实验工作人员将精力早早地投入于前期的样本准备、试剂配制、样本试剂结合阶段，但仪器全自动化后，实验人员只需在最后的实验阶段对结果进行判断，让其注意力集中发挥在最终的结果判读上，专注于分析，减少结果误差，缩短了出报告时间。

简而言之，医疗器械引入自动化系统控制后充分实现以下几种功能：规格化、系统化、智能化、自动化。每一个实验步骤之间均采用指令控制，利用程序控制将其灵活地组合成自动化执行系统。

2. 医疗器械自动化的实现技术

（1）嵌入式技术　医疗仪器领域如心脏起搏器、放射设备及分析监护设备，都需要嵌入式系统的支持。各种化验设备，如肌动电流描记器、离散光度化学分析仪、分光光度计等，都需要使用高性能的、专用化的DSP系统来提高其精度和速度。引入嵌入式系统后，现有的各种监护仪的功能与性能都将得到大幅度的提高。

随着信息技术的发展，数字化产品空前繁荣。嵌入式软件已经成为数字化产品设计创新和软件增值的关键因素，是未来市场竞争力的重要体现。从医疗仪器领域来看，除了新的传感检测技术不断运用推广之外，对所采集信息的分析、存储和显示也提出了更高的目标。这就要求现代的医疗仪器具备更强大的计算和存储能力以及更稳定可靠的性能。另外，医疗仪器作为一个特殊的行业，又要求设备能够达到更高级别的环保要求。如何进一步地智能化、专业化、小型化，同时做到低功耗、零污染，将会是一个无止境的追求过程，这为嵌入式系统在医疗仪器中的应用提供了更广阔的天地和更高的要求。

（2）无线技术　近年来，无线通信技术在国内外医疗市场得到了广泛的应用，无线医疗设备应用迅猛增长。市场人士估计，这种快速发展的市场将有力地推动Wi-Fi医疗设备的开发，预料将有不少Wi-Fi医疗产品推出市场。

（3）传感器　现代和未来的信息社会中，信息处理系统要对自然和社会的各种变化作出反应，首先需要通过传感器将外界的各种信息接收下来并转换成信息系统中的信息处理单元（即计算机）能够接收和处理的信号。

随着社会的进一步信息化，生物传感器必将获得越来越广泛的应用。近年来，生物传感器研发的方向发生了显著变化，这是对生物补偿化学、表面定性、分子标记和纳米技术领域新出现的生物技术创新的响应，并将带动各种环境下应用的增长。

3. 自动化应用于医疗器械的案例

新冠肺炎的暴发促使相当多医院更快地采纳机器人作为医疗助手。越来越多的远程遥控机器人可以进行远距离视频通信、监视病人、递送医疗物资。它们在抑制病毒传播上，发挥着一个安全桥梁的作用。

四、教学效果

(一)案例开展的意义和价值

为了设计一个优良的控制系统，必须充分了解受控对象、执行机构及系统内一切元件的运动规律，不同的控制策略所付出的代价也各异。医疗自动化技术是顺应现代智能控制发展的优良策略，该技术不仅可以把实验操作员从繁重的体力劳动、部分脑力劳动以及恶劣、危险的工作环境中解放出来，而且能扩展人的器官功能，极大地提高劳动生产率，增强人类认识世界和改造世界的能力。

(二)主要成效和特色

医疗数字化、信息化是全球医疗器械技术发展的主要方向，是实现医疗"无损化""精确化"最重要的技术保证。数字医疗装备是医疗信息化的基础，数字化医疗技术是现代化医疗器械的核心技术，数字化医疗设备和仪器是典型的数控自动化系统。在课程思政中为学生讲解不同种类的自动化技术在医疗器械中的应用，有利于引导学生了解和掌握自动化技术的种类和应用程度，从而激发起学习自动化技术的系统分析和设计方法动力，并在未来能够应用到医疗设备的研发中去。

案例32　关爱功能障碍者的责任与担当

一、所属课程

康复工程概论

二、教学目标

(一)课程教学目标

"康复工程概论"是康复工程和假肢矫形工程专业核心课程,是以技术、工程方法和科学原理的系统应用介绍为手段,研究满足残疾人在教育、康复、就业和交通、独立生活等领域的一门科学,利用一切现代技术手段,提取功能障碍者自身残留的控制信息,为他们提供辅助器具,使他们尽可能恢复至健全人的功能、全方位回归社会。本次课程主要通过展示功能障碍者详实的数据,让学生对本课程的重点学习内容和研究对象有个全面了解,并通过数据背后对我国功能障碍者的生活和工作现状有个深刻认识,激发学生们对功能障碍者服务的责任感和使命感。

(二)思政育人

1. 设计思路

关于功能障碍者分布情况是深刻理解本课程的重点,因此,本课程通过全国和上海功能障碍者的分布率以及康复辅具的适配率现状,使得学生了解我国各种功能障碍者的分布状况和康复需求。

2. 思政育人目标

培养学生对功能障碍者的关注和关爱,增强责任感和社会担当。

三、教学实施过程

在课程内容讲授中,首先介绍我国残疾人的整体分布状况。2006年,我国进行了第二次全国残疾人口抽样调查。初步抽样调查的结果显示:我国残疾总人口为8296万,占全国总人口的比例为6.34%,比1987年抽样调查的结果上升1.44%;60岁以上老年残疾人为4416万,占残疾人口总数的53.23%。视力残疾人1233万,占残疾人口总数的14.86%,听力残疾人2004万,占残疾人口总数的24.16%,语言障碍者127万,占残疾人总数的1.53%,肢体残疾人2412万(其中:截肢者89万,占残疾人总数的1.48%),占残疾人口总数的29.07%,智力残疾人554万,占残疾人口总数的6.68%,精神残疾人614万,占残疾人口总数的7.40%,多重残疾人1352万,占残疾人口总数的16.30%。

接下来对比全国辅具适配状况和上海辅具适配状况。根据全国第二次残疾人抽样调查,各类残疾人都有不同的辅助器具需求,见表32-1所示。

表32-1 全国二次抽样调查辅助器具需求情况表

残疾类别	辅助器具需求率/%	辅助器具配置率/%
视力残疾	25.9	8
听力残疾	75.1	7.4
肢体残疾	34.7	11.9
言语残疾	11.2	2.7
智力残疾	2.8	1.1
精神残疾	1.3	0.9

接下来介绍上海市各类功能障碍者状况和辅具配置率。据《2018年残疾人基本数据情况》和《2018年上海市残疾人事业发展统计公报》显示,上海各类功能障碍为54.9万,占上海总户籍人口的3.76%,其中有15.9万功能障碍者获得基本的康复服务。各类功能障碍者分布情况和辅具配置率详细如表32-2。

表32-2 上海2018年功能障碍者辅具需求与配置率情况表

障碍类别	障碍人数/万	障碍类型比率/%	辅具服务人数/%	辅助器具配置率/%
视力障碍	9.3	16.96	2.9	31.18
听力障碍	6.8	12.33	1.8	26.47
肢体障碍	26	47.32	8.5	32.69
言语障碍	5.1	0.93	0.2	40.00
智力障碍	5.8	10.53	1.4	24.14
精神障碍	5.3	9.58	1.9	35.85
多重障碍	1.3	2.35	0.5	38.46
总体人数	54.9	100	17.2	31.33

截至目前，上海市已实现有需求的功能障碍者基本康复服务覆盖率达到99%；有6.1万功能障碍者得到辅助器具适配服务，有需求的功能障碍者基本辅助器具适配率为99%。

通过以上详细的图表数据对我国功能障碍者分布状态和功能障碍者享受辅具的服务和进行适配现状进行了对比，让学生能够透过数据深切了解我国的功能障碍者状况和巨大的需求状况。

四、教学效果

(一) 案例开展的意义和价值

以详细的数据作为案例，能够清晰准确地阐明主题，特别是我国现状和上海功能障碍者的数量和辅助适配与服务现状，给学生们带了深深思考，培养了学生们职业的责任担当和使命感。

(二) 主要成效和特色

学生们通过本节课案例的学习，表示对我国功能障碍者的种类和分布状况有了充分的了解，特别是通过全国功能障碍者数据和上海辅具适配现状的对比，看到我国康复工程发展的未来方向，也下定决心学好本课程，将来服务好功能障碍者。

案例33 "科技文献检索"课程中的思政教育

一、所属课程（即课程名称）

科技文献检索

二、教学目的

(一)课程教学目标

培养学生信息素养，主要包括信息意识、信息伦理道德、信息获取能力、信息分析利用等方面的内容，以适应当代复杂的信息环境。本课程通过对国内外的数据库（如中国期刊全文数据库、EI等）以及网络信息资源的检索方法、检索技巧的讲授，使学生掌握文献及文献检索的基础知识、检索原理、检索途径和检索方法；学会使用文献信息资源从事科研课题开发和学术研究，同时学会综合分析、筛选信息，撰写研究论文。

(二)思政育人

1. 设计思路

当前，"科技文献检索"课程存在的最大问题是实践和理论相结合的深度不够，而课程大纲则明确提出要利用实践对理论知识进行巩固，以保障教学质量。大多数高校的"科技文献检索"课程教材仅仅针对方法进行介绍，理论与实践结合的深度不够，在有限学时的约束下，教师会选择先上理论课再开展实践，而这种教学安排容易造成学生感性认识不充足、学习兴趣不浓厚，而课程思政则提供了良好的结合途径，在"科技文献检索"课程的教学环节中使学生了解文献检索的科学史，为学生的成长奠定良好的科学思想基础。

2. 思政育人目标

"科技文献检索"课作为一门培养大学生查阅信息以及使用信息能力的技能类课程，通过思政育人提高学生的信息意识，通过检索实践培养获取文献和信息的能力，构建学生的终身学习能力、独立研究能力，同时提高学生的综合素质和创新能力。

三、教学实施过程

实例1 "北京大学博士后翟天临不知知网事件"

2019年1月，翟天临晒出北京大学光华管理学院的博士后录用通知书。同年2月翟天临在直播中回答网友问题时，表示自己并不知道"知网"是什么，随后引发网友热议。经查，确认翟天临博士研究生期间发表的论文存在学术不端情况。随后，北京电影学院撤销翟天临博士学位，取消陈浥博士生研究生导师资格。此案例为信息道德教育案例，可以引导学生认识信息道德的重要性和学术不端的危害性。可适用于讲授论文写作与学术规范时使用。

实例2 "淡看名利的屠呦呦诠释了科学精神"

2015年10月，瑞典卡罗琳医学院在斯德哥尔摩宣布，将2015年诺贝尔生理学或医学奖授予中国女药学家屠呦呦，以及另外两名科学家威廉·坎贝尔和大村智，表彰他们在寄生虫疾病治疗研究方面取得的成就。然而，这个战胜了疟疾的老人说自己已经老了，是否得奖已经"无所谓"，也不在意是不是"三无教授"。老人说："我是搞医药卫生的，就为了人类健康服务，最后药做出来了，就是一个挺欣慰的事。"此案例融入了科学精神和创新精神教育元素，可以让学生感受科研工作者伟大的科学精神。适用于讲授论文写作、中外文文献检索时使用，教学建议可先让学生了解屠呦呦的科学研究故事，再让学生检索"青蒿素"相关的中外文文献。

四、教学效果

(一)案例开展的意义和价值

弘扬科学精神，提升科学素养，是建设社会主义现代化强国的重要战略举措。《全民科学素质行动计划纲要实施方案（2016—2020年）》将"引导大学生树立科学思想，弘扬科学精神，激发大学生创新创造创业热情，提高大学生开展科学研究和就业创业的能力"列为"十三五"时期的重点任务。崇尚科学精神、树立创新意识既是时代的要求，也是大学生立身之本。许多对科学研究感兴趣的大学生会通过选修文献检索课程以提高自身信息查询、信息识别、信息分析与综合等科学研究能力。因此，高校文献检索课程可以设计合理的教学内容，着力培养学生的科学精神和创新精神。

(二)主要成效和特色

在"科技文献检索"课中的课程思政实践，取得了较好的教学效果。课程思政为"科技文献检索"课程的实践注入了新的动能，而课程思政的开展需要多方协作形成合力，保证其教学效果。在教会学生信息技能的同时，对学生进行信息道德、信息法律与法规、科学精神与创新精神等方面的思想政治教育，实现全面育人、全方位育人。

案例34 智能康复领域的使命感与责任感

一、所属课程

康复工程概论

二、教学目的

(一) 课程教学目标

"康复工程概论"是康复工程专业和假肢矫形工程专业必修的核心课程，是一门专门讨论残疾人、老年人、伤病人等功能障碍者在教育、康复、就业、交通、独立生活等领域中的需求，并用科学原理的系统、工程技术方法及跨学科（生理学、解剖学、神经科学、生物力学、辅助技术、环境工程、心理学、语言学、理疗、职业治疗、教育、专业技能培训等）的知识去解决他们所面临问题的课程。通过本课程的教学，拓宽学生视野，使学生了解康复工程领域的基本知识与构架，了解并掌握康复评估的基本思路与方法，学会利用现代科学技术手段，提取功能障碍者本身存在的残留控制信息，设计合适的康复辅具并进行适配。

(二) 思政育人

1. 设计思路

结合学院人才培养特色、行业特色和学生就业，从厚植爱国主义情怀、培养积极职业态度、培育良好职业素养、塑造智能康复器械工匠精神、培养良好创新思维等方面进行课程设计。

2. 思政育人目标

结合我国现代化强国建设过程中面临的机遇和挑战,增强学生"国家兴亡,匹夫有责"的社会责任意识。

三、教学实施过程

教学大纲的完善。教学大纲根据目前的康复工程专业发展需要进行不断地调整,使得教学大纲贴近于社会的人才需求;教学大纲中也需要结合康复工程实践的经验,结合目前教学中的不足之处,加强对于德育与教学大纲融合的思想,对目前的大纲进行适当调整。

在实践学习的过程中,教学方案中结合康复中的人工智能应用的实践规范,使得学生们认识到未来的工作中要求具有较高的职业素养和技术规范。该环节中加入团队讨论的形式,帮助学生认识未来工作中团结协作、严谨求实的崇高职业道德,以此达到寓教于学的良好学习效果。设计两个讨论主题:①认清时局,了解我国康复工程发展现状;②认清世界,分析我国智能康复设备研发过程中面临的挑战。在上述两个主题讨论中,通过各类教学活动强调个人责任与担当的重要性,正确认识自己的时代责任和历史使命,激发为我国"智能制造"贡献力量的斗志。

教学方法多样化。针对目前康复工程新专业,授课的过程中,授课方式也在随之不断地调整。传统的教学方法是讲授法的形式进行授课,学生的学习效果并不尽如人意。目前课程采用了讲授法和谈论法相结合的方式进行授课,使得学生能够尽快地自主学习新知识和新技能。让学生在课程中穿插阅读参考书目《创新路上大工匠》的内容,将求实求真、勤奋严谨、团结协作的科学研究态度和爱岗敬业、工匠精神等融入课程内容中,探寻其内在联系,将正确的世界观、人生观和价值观潜移默化地分布在日常教学活动中。

全面教学环节的课程设计中,推荐学生们在学习的过程中关注国家康复机器人发展的现状,不断地阅读智能康复未来发展方向的资料和论文,了解最新、最先进、最智能的康复器械及装备的现状,不断地储备自己的知识,扩宽自己的视野,努力实现自己在专业方面的理想抱负。

在课程中设计了多个讨论主题,下面为其中一例。

主题:我国康复工程发展现状和智能康复设备研发过程中面临的挑战。

通过学生查找资料、互相交流,认识到:我国现有近 9000 万残疾人,2 亿老年人。这不仅暗示我国康复工程产品及其适配服务存在巨大市场,也说明我国对康复工程专门技术人才的巨大需求。而我国应对这种市场需求的现状不容乐观。据统计,全国保健和康复医疗用品、器械消费以年增长率 40% 的速度增长。而市场供给情况是:康复产品种类少、空白点多、档次低、性能单一、缺乏创新、产品老化等。生产厂家和社会对残疾人用品用具认知程度较低,设计开发思路狭窄等,无法与国际同领域竞争。国内高档康复产品市场几乎被国外产品占领。还缺乏大量具有康复科学与技术专业知识的人才来从事该领域的研究、知识传授、产品研发和康复工程产品个体适配服务工作。学生意识到:智能制造将为现代康复产业带来翻天覆地的变化。

四、教学效果

(一)案例开展的意义和价值

近十年来,我国康复领域在科技化、智能化、产业化等方面迅猛发展,多学科交叉式的特点日益凸显。而现代新兴的智能传感器技术、云计算技术、人机交互技术的发展,更是给我国的康复医疗产业带来了革命性的契机。学生通过课程充分认识到"中国智造"正迎来历史机遇。

(二)主要成效和特色

教学效果得到明显改善。学生创新热情和创新能力大大提高。专业学生人人都申请了国家级、市级、校级创新创业项目,优秀作品被选送至各类比赛中,取得优异成绩。

案例35　医学影像设备与严谨的科学研究精神

一、所属课程

X射线成像设备学

二、教学目的

(一)课程教学目标

"X射线成像设备学"是医学影像技术专业核心课程之一,通过本课程的学习,使学生能对医学影像设备学有较全面、系统的了解。掌握医学影像设备学的理论与实践知识。通过课程的学习和实践,使学生全面熟悉现代各种医学影像设备,使学生掌握常见医学诊疗设备的结构、工作原理、适用范围,掌握设备的研发、操作使用以及常见故障的基本分析。

(二)思政育人

1. 设计思路

通过介绍医学影像设备的发展结合当前国际国内形势,结合教师多年教学经历和社会实践经验,介绍影像设备的发展历史、概况和未来的发展趋势。通过学生感兴趣的方式达到思政育人效果。

2. 思政育人目标

培养学生严谨的科学研究精神,提升学生的人文素质,激发学生的爱国热情。

三、教学实施过程

本课程主要讲述：医学影像设备学概论、诊断用 X 射线机、诊断用 X 射线管、高压发生装置、X 射线机主机单元电路、高频 X 射线机、X 射线电视系统、数字 X 射线成像设备（CR、DR、DDR、DSA）、X 射线计算机体层成像设备（X-CT、螺旋 CT、超高速 CT 扫描机）等，是一门应用技术性极强的复合性课程。在教学过程中，讲到诊断手段由原始的"望、闻、问、切"检查方法发展到今天利用医学影像设备进行疾病检查的手段，医学影像设备已经成为当今医院不可或缺的检查设备，医院通过使用医学影像设备对患者检查能够更加准确地进行诊断。这个知识点的介绍，引导学生尊重传统医学，结合诊断新技术，更好地为大健康大医疗框架下的医疗体系奋斗。

给同学们介绍关于科学发现的偶然性和必然性小故事，激发同学们的兴趣也坚定同学们实事求是、注重细节、严谨科研的信心。1895 年 11 月 8 日，德国物理学家伦琴在做阴极线管高压放电实验时，发现了一种肉眼看不见，但具有很强的贯穿本领，能使某些物质发荧光和使胶片感光的未知射线，即 X 射线。1861 年，英国科学家克罗克斯（Crocks）发现通电的阴极射线管会产生亮光，于是就拍下来，可显影后发现整张干版一片模糊。他认为干版有毛病退给厂家。克罗克斯也曾发现抽屉里保存在暗盒里的胶卷莫名其妙地感光报废，他找到胶片厂商，指斥其产品低劣。在伦琴发现 X 光的五年前，美国科学家古德斯柏德在实验室里偶然洗出了一张 X 射线透视底片。但他将其归因于照片的冲洗药水或冲洗技术，把这一"偶然"弃之于垃圾堆中。一个伟大的发现就这样一次次与他们失之交臂！

讲到国内医疗设备关键部件大多依赖进口，价格昂贵，技术垄断等，引发学生思考，激发学生强烈的爱国热情和努力学习、填补行业空白的坚定信心和勇气。

四、教学效果

(一)案例开展的意义和价值

通过介绍医学影像技术的发展，使学生思考历史的发展与必然，顺应潮流并保持前瞻。有助于培养学生的人文素养、科学实验精神。

(二)主要成效和特色

课上请学生讨论今后医学影像设备的发展趋势。他们都积极参与了讨论。有学生提出，影像设备专业化发展，针对不同的科室研究专门的设备，也有学生认为发展趋势为全一体设备，可检查全身，有学生关注于医疗设备的使用更方便操作。甚至有学生提出，制造自助医学影像设备，解决看病难、诊断难的问题。

案例36 "芯片"强国梦

一、所属课程

可编程逻辑电路原理和硬件描述语言

二、教学目的

(一)课程教学目标

以 FPGA 和 CPLD 为代表的可编程逻辑器件芯片,是诸多高端仪器的核心部件,被广泛应用到医疗器械、国防工业、科学研究等领域,对该类芯片开发应用的能力和研发水平代表了一个国家半导体芯片的发展水平。本课程将 FPGA 的现状及应用,与医学仪器设计、高精尖仪器设计、技术创新、人文精神等结合,通过时事、国家需求、国防需求,尤其是上海市和上海理工大学校内相关的人和项目等,把专业知识与思政内容穿插,活跃了课堂气氛,提升学生的民族自豪感、人文情怀,增强使命感和责任感。

(二)思政育人

1. 设计思路

近年来,国家加大投入半导体芯片领域的研发,国内高校成立了相关学院、企业也加大了芯片研发的力度。我国在芯片领域取了不错的成绩,很多芯片技术已经跻身世界一流,步入全球顶尖芯片公司行列。华为、中兴、TCL、创维、康佳、长虹、海信等不断投入芯片的研发,从"缺芯"到"强芯",他们书写了一部芯片创新史。

本课程将芯片创新史结合到思想政治教育中,激发学生的爱国激情,励志增强我国科技实力、为国家科技发展而献身的精神。教育学生要为建设祖国成为科技强国、芯片强国而不懈努力；教育学生学习和科研时不忘初心，持之以恒，不断创新，发展半导体芯片的相关技术。教育学生团队合作的重要性。告诫学生自主技术研发的重要性，使其树立科研报国的决心。

2. 思政育人目标

培养学生的辩证思维，提升学生的创新精神和自主研发的动力，培养"芯片"强国梦。

三、教学实施过程

1. 芯片的发展关系国计民生

如今，芯片的重要性已经无需多说，芯片强国已经成为我国的国策，并且 2019 年以来财政部、税务总局联合出台《关于集成电路设计和软件产业企业所得税政策的公告》等很多相关利好政策。

未来，高校需要继续努力，教育学生打好半导体领域的基础知识，培养学生研发芯片的创新能力，大学生们承担着技术创新和发展的关键使命。近年来，很多国外厂商以知识产权等方式压制国内厂商（中兴、华为事件），这更要求中国企业拥有自己的核心技术。而企业拥有自己的核心技术的前提是要培养一批具有芯片设计能力的高端人才，通过思政教育培养学生立志工业报国，先打好电子学基础，然后再投身芯片设计等国家需求的领域。

2. 芯片领域应用广泛、市场前景好

芯片也叫集成电路，可以理解为把电路小型化微型化的意思。芯片一般分为数字芯片、模拟芯片和数模混合芯片三类，按照用途的分类就更广了。所有的高科技电子设备都离不开芯片，现代化的生活也离不开芯片。

芯片其实就是一块高度集成的电路板，也可以叫 IC。比如说电脑的 CPU 其实也是一块芯片。不同的 IC 有不同的作用，比如说视频编码解码 IC 是专门用来处理视频数据的，音频编码/解码 IC 则是用来处理声音的。如果把中央处理器 CPU 比喻为整个电脑系统的心脏，那么主板上的芯片组就是整个身体的躯干。对于主板而言，芯片组几乎决定了这块主板的功能，进而影响到整个电脑系统性能的发挥，芯片组是主板的灵魂。

芯片的种类有成千上万种，在大部分细分领域里，美国芯片是遥遥领先的；虽然在国家的大力支持下，国内的芯片厂商取得了一些成绩，但我们得清醒地认识到，在核心技术、市场份额、人才储备等方面，差距仍然很大。近年来，很多国外厂商以知识产权等方式压制国内厂商，这更要求企业拥有自己的核心技术。

本课程的关于 FPGA 的内容，正好是完成芯片研发和设计所要具备的一项技术，其应用广泛、市场前景大；学生学好后既实现自身的就业，也满足国家的需求。

四、教学效果

集成电路芯片（主要指纯数字集成电路）虽然种类繁多、功能各异，但是它们也有许多共同的特性。让电子学专业的学生了解和掌握集成电路芯片的基本原理，提高他们的动手能力，是大有好处的。再配套上思政教育，在精神上升华学生的爱国情怀，将自己的专业与国家需求结合，不仅能增加学生的学习兴趣而且激发学生奋斗、报效祖国。

案例37　科研创新与敬业

一、所属课程

医用电气安全及电磁兼容技术

二、教学目的

(一) 课程教学目标

通过课程教学与思政教学的相互渗透、交叉融合，为国家和社会提供政治素质过硬的专业优秀人才。本课程是一门专业基础课，通过这门课程的学习，用于解决医学电子设备使用与检测中的实际问题。本科程的主要任务是使学生较全面掌握医用电气设备的安全性分析和安全管理基本方法，熟悉国内外通用的一些主要医用电气设备的故障分析，以及其电气安全检测，医用电气设备的国家通用标准等。掌握各种仪器的基本参数检测，以及这些设备在检测中主要碰到的重点与难点，并在此基础上扩展到其他相似的设备。在教学过程中培养学生科研精神、敬业精神。

(二) 思政育人

1. 设计思路

介绍电磁兼容检测基础知识，在教学过程中引入微电流测量方法的进步和电池的发明过程，培养学生科研精神、敬业精神。增加相应检测仪器的设计与开发技巧，开阔学生的知识面，提高学生适应各种工作的能力。让部分学生参与电气安全检测仪器设计，提高开发能力，培养学生的创新精神。

2. 思政育人目标

培养学生的辩证思维，培养学生科研精神、敬业精神、创新精神。

三、教学实施过程

学习电气安全检测仪器的检测原理，自主搭建检测仪器。熟练进行电气安全通用检测，准确理解和掌握 GB 9706.1—2020 通用标准，能够进行检测仪器的参数设计。本课程的实践教学为课程的总内容的 1/3，通过实践过程，让学生参与部分准备实验，例如漏电流的参数检测实验中，学生参与时间常数的测定准备这一实验环节，有利于学生理解漏电流的作用。因此引导学生积极参与实验的准备，教师只需对不同的实验采取不同的方法进行组织和引导，学生亲自动手准备，有助于让每个学生弄清实验的内容、操作步骤、注意事项、实验目的和每个实验的全过程，使学生能做到心中有数，同时也能培养他们对实验的兴趣，充分发挥学生在学习活动中的主体作用，从而更有效地掌握专业实验的技能和理解专业，标准的技术指标。为了全面提高学生的综合素质，在重视基础性经典实验的同时，增加一些设计性实验。学生负责查阅相关通用标准 GB 9706.1 与 IEC 60601.1 文献资料，并进行比较，自行设计医学电子设备检测指标，重要检测项目检测的方法。学生可以自行安排时间，自主实验，提交项目设计和实施报告。需要学生查阅文献，寻求解决方案，教师在学生的项目实施中仅仅起到帮助、辅导、监督、协调作用。同学们自行安排时间，自主实验，自主设计检测仪器参数，参与检测仪器的设计，培养了创新、钻研的科学精神。

四、教学效果

(一) 案例开展的意义和价值

本课程教学讲授仪器的原理，内容延伸鼓励学生和促进学生动手设计仪器，完成学生自己的设计，挖掘了他们的潜能，培养他们的创新精神与科研精神以及爱国主义精神。教学中学生主动学习，动手实验，增强了学生自主学习能力。这些改革顺应了目前高校专业课程的思政教学的要求，实现了思想政治教学和专业学的统一与和谐。

(二) 主要成效和特色

学生自主开发搭建实验教学仪器（医用电气安全监测仪）4 台（见图 37-1），用于实验教学，大大激发创新意识和科研精神。

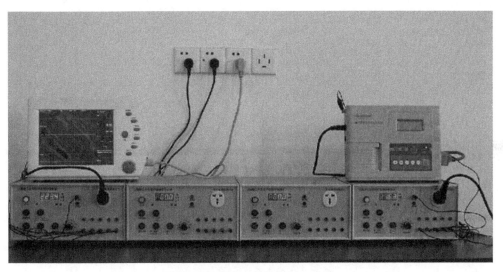

图 37-1　学生自制仪器用于教学

案例38　数据库教学中的数据安全意识教育

一、所属课程

数据库原理及应用

二、教学目的

(一) 课程教学目标

通过数据库原理及应用课程学习，使学生系统地掌握数据库系统的基本原理和基本技术。要求在掌握数据库系统基本概念的基础上，能熟练使用 SQL 语言在 Microsoft SQL Server 数据库管理系统上进行数据库操作；掌握数据库设计方法和步骤，具有设计数据库模式以及开发数据库应用系统的基本能力，为后续的信息系统软件开发和实际应用奠定良好的基础。

(二) 思政育人

1. 设计思路

主要在讲授数据库安全章节时引入思政元素。通过介绍由于疏于安全防范意识而带来的严重后果的几个案例培养学生数据安全意识。

2. 思政育人目标

本章节的学习不仅让学生掌握基本的数据安全概念和方法，更重要的是培养工科专业学生的数据安全风险意识，在数据管理时具有严谨的科学态度。

三、教学实施过程

首先介绍数据库安全的概念及其背景,然后结合以下几个实例强调数据安全的重要性。

实例1 希拉里邮件门事件

希拉里"邮件门"是指民主党总统竞选人希拉里·克林顿任职美国国务卿期间,在没有事先通知国务院相关部门的情况下使用私人邮箱和服务器处理公务,并且希拉里处理的未加密邮件中有上千封包含国家机密。同时,希拉里没有在离任前上交所有涉及公务的邮件记录,违反了国务院关于联邦信息记录保存的相关规定。2016年7月22日,在美国司法部宣布不指控希拉里之后,维基解密开始对外公布黑客攻破希拉里及其亲信的邮箱系统后获得的邮件,最终导致美国联邦调查局重启调查,希拉里总统竞选支持率暴跌。

实例2 FaceBook数据泄露事件

据政治咨询公司"剑桥分析"(Cambridge Analytica)前雇员克里斯多夫·怀利爆料,"剑桥分析"曾在2016美国大选期间,利用Facebook上5000万名用户资料进行分析,最终利用"读心"有术,向5000万名Facebook用户发送"专属"政治广告,左右选民投票——这可能成为继希拉里"邮件门"后,特朗普篇之美国惊天丑闻。

实例3 京东内部员工涉嫌窃取50亿条用户数据

2017年3月,京东与腾讯的安全团队联手协助公安部破获的一起特大窃取贩卖公民个人信息案,其主要犯罪嫌疑人乃京东内部员工。该员工2016年6月底才入职,尚处于试用期,即盗取涉及交通、物流、医疗、社交、银行等个人信息50亿条,通过各种方式在网络黑市贩卖。

为防止数据盗窃,企业每年花费巨额资金保护信息系统不受黑客攻击,然而因内部人员盗窃数据而导致损失的风险也不容小觑。地下数据交易的暴利以及企业内部管理的失序诱使企业内部人员铤而走险、监守自盗,盗取贩卖用户数据的案例屡见不鲜。

实例4 黑客攻击SWIFT系统盗窃孟加拉国央行8100万美元

2016年2月5日,孟加拉国央行被黑客攻击导致8100万美元被窃取,攻击者通过网络攻击或者其他方式获得了孟加拉国央行SWIFT系统的操作权限,攻击者进一步向纽约联邦储备银行发送虚假的SWIFT转账指令。纽约联邦储备银行总共收到35笔,总价值9.51亿美元的转账要求,其中8100万美元被成功转走盗取,成为迄今为止规模最大的网络金融盗窃案。

四、教学效果

(一)案例开展的意义和价值

当代社会信息化和网络化不断深入,数据已逐渐成为与物质资产和人力资本同样重要的基础生产要素,被广泛认为是推动经济社会创新发展的关键因素。拥有数据的规模和运用能力，不仅是企业或组织业务发展的核心驱动力，与个人消费、个人属性特征隐私等问题息息相关，而且也已成为国家经济发展的新引擎，是综合国力的重要组成部分。随着云计算、大数据、物联网、智慧城市、移动互联网等技术和应用的日渐兴起，工科专业人才拥有较强的数据安全意识是必需的基本思想素养。本章节的教授不仅让学生掌握基本的数据安全概念和方法，更重要的是培养学生的数据安全风险意识，在数据管理时具有严谨的科学态度。

(二) 主要成效和特色

通过实际的案例教学，能够潜移默化地建立学生的数据安全的风险意识，同时通过生动鲜活的实例有助于提高学生的学习效率并提高学习积极性。

案例39 混合信号处理系统设计与大局观的培养

一、所属课程

数字信号处理

二、教学目的

(一)课程教学目标

理解离散时间信号与系统;掌握时域采样定理,理解模拟信号转换为数字信号的过程,为数字信号处理的学习打下基础;掌握离散时间信号的 z 变换;掌握离散时间信号的时域和频域分析方法;掌握离散时间系统的输入输出描述及其分析求解的方法;掌握数字滤波器的分析与设计方法。

(二)思政育人

1. 设计思路

通过讲解如何具体实现一个"混合信号处理系统",系统设计时要考虑的所有环节,结合学生前面所学的知识,培养学生用"大局观"来分析问题、解决问题的基本思路,培养具有创新意识的卓越人才。

2. 思政育人目标

培养学生用"大局观"来分析问题、解决问题。培养具有创新意识的卓越人才。

三、教学实施过程

（1）在讲授混合信号处理系统设计实现时，首先带领学生分析任务的属性和信号的性质，根据任务的属性不同，去制订不同的设计方案，综合考虑性能和成本。然后从连续信号的属性分析开始，针对不同的信号属性，设计不同处理电路以及数字信号处理的实现平台，使学生理解设计一个信号处理系统的详细过程。

（2）在混合信号处理系统设计时，会有不同的应用需求，有诊断用的也有监护用的，不同的需求对性能和成本的要求也不同，设计给出的每一个参数都应该有明确的原因。以生物医学工程领域最为常见的心电信号采集为例，用于诊断和病房监护的心电信号采集有明确的行业标准约束，有较高的精度、稳定性和可靠性要求，但是对成本限制较低。设计思路就要重性能、轻成本。如果用于日常居家监护，则对成本有非常高的要求，对性能要求较低，这时的系统设计就是另外一个思路。教育学生要有"大局观"，学会通盘考虑问题。

四、教学效果

(一) 案例开展的意义和价值

利用"系统设计的原理和思路"，告诉学生，要有"大局观"，是作为一个合格卓越工程师必备的基本素养。

(二) 主要成效和特色

培养学生以"大局观"解决科学和工程问题的基本思路。培养工匠精神和卓越人才，激发学生的民族自豪感、爱国热情。

案例40 人体机能替代装置与创新科学精神

一、所属课程

人体机能替代装置

二、教学目的

(一)课程教学目标

2020年全球爆发新型冠状肺炎疫情,对呼吸机的需求大幅增加。在现代临床医学中,呼吸机作为一项能人工替代自主通气功能的有效手段,普遍应用于各种原因导致的呼吸衰竭、大手术期间的麻醉呼吸管理、呼吸支持治疗和急救复苏中,在现代医学领域中占有十分重要的位置,是挽救和延长病人生命至关重要的医疗设备。本课程通过呼吸机的案例教学,提高学生对医疗器械设计和研发的兴趣,提高学生的创新科学精神。

(二)思政育人

1. 设计思路

2020年全球爆发新型冠状肺炎疫情,对呼吸机的需求大幅增加,通过3D打印简易呼吸机和特斯拉——高科技企业生产呼吸机的案例,认识知识和技术结合的魅力,理解学科间的融会贯通。

2. 思政育人目标

培养学生将基础知识和临床应用结合的思维方式,提高解决问题的能力。

三、教学实施过程

呼吸机最早相近的设想:"为了使动物恢复生命,必须在气管主干上切口,在其中插入芦苇或者甘蔗管,然后将气吹入。"

世界上第一台呼吸机于1864年发明,即美国Alfred Jones发明的一种"负压呼吸机"(图40-1)。

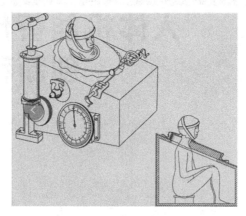

图40-1　负压呼吸机

1928年,Philip Drinker与Louis Shaw合作发明了一种新的负压呼吸机"铁肺"(Iron Lung)(图40-2),解决脊髓灰质炎全球肆虐的问题,使用呼吸机来维持病人生命正常运转,进而自愈,成为当时脊髓灰质炎患者最重要的希望。

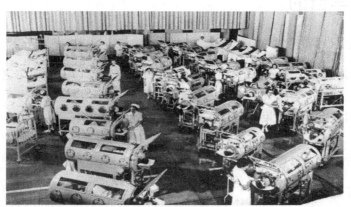

1953年,美国某脊髓灰质炎专用病房

图40-2　铁肺

"正压呼吸机"的出现和发展优于负压呼吸机,1954年欧洲出现了多种正压呼吸机。

当需要帮助严重呼吸困难的病人呼吸时,呼吸机是首选的治疗方法,但就目前的全球新冠肺炎疫情情况来看,世界各地对呼吸机的需求是空前的,因此全球各地有能力的企业都在不断地以自己的方式对抗疫情。

3D打印巨头研发简易呼吸机(图40-3)对抗疫情:Materialise是定制3D制造领域

的领导者，为了对抗疫情，Materialise 开发出一种利用 3D 打印制作的应急系统，可以在不使用真正呼吸机的情况下向肺部提供正的呼气末正压（PEEP）。

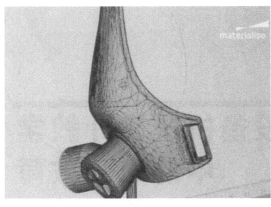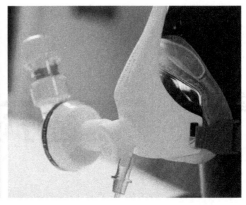

图 40-3 3D 打印简易呼吸机

为了解决医疗设备供不应求的问题，特斯拉公司也研发呼吸机（图 40-4），体现了科学与技术结合的魅力，学科之间的融会贯通。

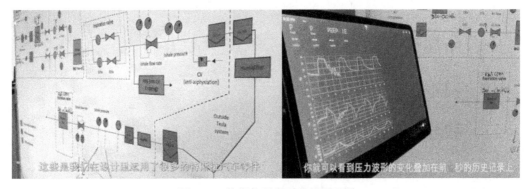

图 40-4 特斯拉研发呼吸机原理图

四、教学效果

(一)案例开展的意义和价值

呼吸机课程思政案例的实施，让同学们聚焦前沿，努力探索，积极创新，从而推动医疗器械行业快速发展。

(二)主要成效和特色

引入特斯拉研发呼吸机的案例分析，使同学们更加明白："基础研究是整个科学体系的源头，是所有技术问题的总机关。"

案例41 医疗设备机械设计教学中的思政教育

一、所属课程

医疗设备机械设计

二、教学目的

(一)课程教学目标

本课程综合应用力学、机械理论和生产知识,解决医疗器械中机构及零部件的分析和设计问题,为学生进行医疗器械设计开发、维修维护及其正确操作奠定基础。学生可将常用机构和通用机械零件的基本知识、基本理论和基本技能应用于医疗器械设计。

(二)思政育人

1. 设计思路

使学生了解到:高端医疗设备核心部件依靠进口;我国医疗器械企业大力发展自主知识产权医疗设备及器械;我国创新医疗器械特别审查程序颁布。

2. 思政育人目标

使学生认识到中外技术差距,提高其责任感;提高学生的民族品牌自豪感;提高学生的政治认同感。

三、教学实施过程

1. 认识到不足

从国产 X 线设备部分关键部件，如球管、平板探测器等依靠进口使学生认识到中外技术差距，提高其责任感。

2. 建立起信心

从联影公司大力发展自主知识产权影像设备使学生建立信心，以微创公司的"火鹰"支架成功上市为例，提高学生的民族品牌自豪感。

3. 提高危机感

对比中美医疗 AI 产品审批做法异同，提高学生的前瞻性及危机感。

四、教学效果

(一) 案例开展的意义和价值

与以往单纯地讲授专业知识相比，实行"课程思政"教学改革以来，通过对比中外差距，明显感觉学生听课参与度更高，且表现出对我国医疗器械技术现状的关注及忧虑。

(二) 主要成效和特色

通过讲述联影及微创的成功，尤其是"火鹰"支架的巨大成就，由学生表情及言语可见其民族自豪感。

案例42 医疗 IT 创新与实践设计中的创新思维教育

一、所属课程

医疗 IT 创新与实践

二、教学目的

(一)课程教学目标

创新方法研究,互联网+产品的创新方法和技术,医疗健康行业需求。

(二)思政育人

1. 设计思路

创新思维培养,方法训练,开放式课题,以行业需求为导向。

2. 思政育人目标

了解中国医疗健康行业现状,立志用科技解决医疗教育问题的思路与方法。

三、教学实施过程

课程教学重视创新思维培养,结合互联网医疗的热点问题,从问题中来,到解决问题中去。

四、教学效果

(一)案例开展的意义和价值

中国医疗健康的问题主要是优质医疗服务资源稀缺,成本高。

采用创新方法和以互联网+、大数据、人工智能为代表的科技来解决服务能力、资源分布不均等问题,极大地满足了老百姓的医疗健康服务需求。

(二)主要成效和特色

(1)学生能够开阔思路,了解需求。创新方法来源于生产实际,创新的过程是一个持续的过程。

(2)学生掌握基本的创新思维方法和技能,对技能的基础训练尤为重要,是解决创新问题的重要工具手段。

(3)学生掌握从需求分析到产品设计的一般理论和方法。对中国的医疗健康有了深入理解,对未来走向社会有深刻认识。

案例43 医疗信息系统设计中的中国特色医疗行业教育

一、所属课程

医疗信息系统

二、教学目的

(一)课程教学目标

研究医疗信息系统的实际情况,了解掌握医学信息的基本概念、定义和方法,掌握典型医疗信息系统的分析与设计。结合云医疗和远程医疗健康产品进行医疗健康的创新实现,满足医疗健康行业需求。

(二)思政育人

1. 设计思路

以医疗需求为导向,调研医院、健康管理机构、家庭医疗等社会化需求,从实际出发,从公共卫生的急迫性出发,采用信息系统的一般性的技术和方法创新,设计满足中国特色医疗健康需求的系统和产品。

2. 思政育人目标

了解中国特色医疗健康行业,激发学生学以致用、科技爱国的热忱。

三、教学实施过程

课程教学重视对中国的医疗健康基层问题和社会问题的理解。重视需求的调研、分析和掌握。结合"新冠疫情"以互联网医疗为热点问题，重点解决基层医疗健康服务能力不足和手段不够的问题。

四、教学效果

(一)案例开展的意义和价值

通过调研当前中国医疗健康的问题主要是优质医疗服务资源稀缺，突发公共卫生应对缺乏有效手段等问题。以往的专业课教学只讲理论，缺乏实际结合，开展本次思政课题可以更好地让学生了解中国特色的行业需求。

(二)主要成效和特色

成效：

（1）学生深入基层、社会，关注公共卫生的重大问题，树立学习目标。

（2）学生综合之前学过的软件工程、数据库等课程内容，对专业技能是一次深入和综合应用，对专业的技能掌握得更扎实。

（3）学生掌握从需求分析到产品设计的一般理论和方法。对中国的医疗健康行业有了深入理解，对未来走向社会有深刻认识。

特色：

（1）针对"新冠疫情"开展了云直播，扩大了课程的影响力。提高了向社会服务能力。

（2）学生的报告不再只是技术，而是关注中国医疗健康的实际问题，设计的过程中提出了很多自己的见解，难能可贵。

参考文献

[1] 左妍.2020年中国"最美医生"丁文祥:"小心脏"里的"大心愿"[N].新民晚报,2020-08-19[2021-02-18].https://wap.xinmin.cn/content/31789383.html.

[2] 周琳,孙青.全球战"疫",上海这条有创呼吸机产线亮了[N].新华社,2020-06-03[2021-02-18].https://baijiahao.baidu.com/s?id=16684810812949432698&wfr=spider&for=pc.

[3] 俞陶然.沪研呼吸机驱动电机如何替代进口[N].解放日报,2020-04-10[2021-02-18].http://sh.xinhuanet.com/2020/04/10/c_138963294.htm.

[4] CT:青岛疫情传播这锅,我不背[N].器械之家,2020-10-13[2021-02-18].https://www.sohu.com/a/424848293_66821.

[5] 医院空气消毒方法及控制标准[N].在谱科技.2020-11-05[2021-02-18],http://www.zapbiotech.com/news/12.html.

[6] 医疗机构环境表面清洁与消毒新方案与管理要求[N].在谱科技.2020-11-05[2021-02-18],http://www.zapbiotech.com/news/11.html.

[7] 应对秋冬季新冠疫情,空气和物表消毒应该这么做[N].SIFIC感染官微.2020-08-04[2021-02-18],http://www.zapbiotech.com/news/13.html.